나는 뉴욕의 초보 검사입니다

일러두기

1. 본문에 등장하는 인물과 사건의 경우, 대중적으로 알려진 사건을 제외한 나머지 사건 관계자의 이름은 당사자 신원 보호를 고려해 가명으로 썼으며 내용 또한 일부 각색했다.
2. 참고문헌은 되도록 충실히 밝히고자 하였으나 사건 관련 서류는 보안상의 이유로 기록에서 제외했다.
3. 문장부호는 다음과 같이 통일했다. 책과 잡지 『 』, 논문·소제목 「 」, 신문 《 》, 노래·영화 〈 〉.

나는 뉴욕의 초보 검사입니다

정의의 빈틈, 인간의 과제를 묻다

이민규 지음

생각
정원

차례

프롤로그

응답하라,
슈퍼히어러

최고의 시절이자 최악의 시절, 지혜의 시대이자 어리석음의 시대였다. 믿음의 세기이자 의심의 세기였으며, 빛의 계절이자 어둠의 계절이었다. 희망의 봄이면서 곧 절망의 겨울이었다. 우리 앞에는 무엇이든 있었지만 한편으로 아무것도 없었다. 우리는 모두 천국 쪽으로 가고자 했지만 우리는 다른 방향으로 걸어갔다.[1] – 찰스 디킨스, 『두 도시 이야기』 중에서

바야흐로 '슈퍼히어로' 전성시대다. 새로운 슈퍼히어로들이 신인 아이돌그룹처럼 우후죽순 쏟아져나오고 있다. 배트맨과 스파이더맨 같은 '노장' 히어로들도 여전히 은퇴하지 못한 채 현역에

서 활동하고 있다. 마치 50년 전통의 비법 육수가 가마솥에서 골백번 넘게 우려내지듯, 이들의 이야기 역시 끊임없이 '리부트'되며 재생산되고 있기 때문이다.

그 와중에도 한 가지 변치 않는 게 있다. 바로 이들이 활동하는 무대다. 슈퍼히어로들은 한결같이 뉴욕에서 활약한다. 배트맨의 무대인 고담시도, 슈퍼맨의 무대인 메트로폴리스도 뉴욕을 바탕으로 만들어진 도시들이다. 몇몇 히어로들은 아예 대놓고 뉴욕에 거주하며 활동하고 있다. 아이언맨은 미드타운, 스파이더맨은 퀸스, 데어데블은 헬스 키친, 닥터 스트레인지는 그리니치빌리지에 사는 식이다.

슈퍼히어로들이 몇 십 년째 뉴욕을 본거지로 삼아온 데는 그럴 만한 이유가 있다. 뉴욕이라는 도시가 그만큼 멋진 그림과 다채로운 이야깃거리를 보장하기 때문이다. 예전부터 뉴욕은 꿈과 희망과 기회의 땅이었다. 이곳에서 탄생한 성공 신화들은 이 도시가 뿜어내는 현란한 불빛만큼이나 화려하다. 프랭크 시나트라는 '여기서 성공할 수 있다면 어디서든 성공할 거야If I can make it there, I'll make it anywhere'라며 꿈꾸듯이 노래했고, 가사대로 미국 역사상 가장 성공한 가수 중 한 명이 됐다. 이 노래를 들으며 비슷한 꿈을 품은 믹 재거, 루 리드, 그리고 트루먼 커포티 역시 이곳에서 성공함으로써 전 세계적인 명성을 얻었다. 이들이 종종 모여 어울렸다던 미드타운의 어느 스튜디오에서는 앤디 워홀이 쉼 없이 작품을 찍어내며 상업적으로 가장 성공한 예술가 중 한 명이 되었다.

그뿐만이 아니다. 단일 명칭의 도로로는 세계에서 가장 길다는 '브로드웨이'는 〈오페라의 유령〉, 〈라이언 킹〉, 〈위키드〉 등을 연이어 히트시키며 공연 문화의 대명사로 자리매김했고, 그 아랫동네인 월스트리트는 뉴욕을 세계 금융 산업에서 가장 막강한 영향력을 행사하는 도시로 만들었다. 그리고 이 도시가 공연 예술, 패션, 경제, 외교의 중심으로 우뚝 서는 동안 뉴욕에서 착실히 공부한 어느 청년은 몇 년 뒤 '변화Change'라는 슬로건을 내걸고 미국의 첫 흑인 대통령으로 당선됐다. 그리고 또 몇 년 뒤, 뉴욕에서 부동산 사업으로 막대한 부를 쌓은 사업가가 '미국을 다시 위대하게Make America Great Again'라는 새로운 슬로건을 내걸고 그 자리를 물려받았다.

이미 잘 알려진 이런 신화 같은 이야기들은 뉴욕이 왜 '잠들지 않는 도시'라고 불리게 되었는지, 또 뉴욕이 왜 미국을 대표하는 도시가 되었는지 보여준다. 그리고 지금 이 순간에도 성공을 꿈꾸는 수많은 사람들이 고층건물도, 인구도 과밀 상태인 이 복잡한 도시로 끊임없이 몰려드는 이유를 설명해준다.

그렇다보니 뉴욕은 늘 화려한 성공과 대박을 노리는 사람들의 세속적인 욕망들로 가득하다. 수많은 사람들의 욕망이 서로 충돌하고 화학반응을 일으키며 기형적으로 변해간다. 이런 욕망의 격전지에서 욕망이 탐욕으로 변질되는 건 한순간이다. 실제로 월스트리트에선 '탐욕은 선Greed is good'이라는 영화 대사가 유행처럼 쓰였던 적도 있다.

물론 탐욕은 절대 '선'이 될 수 없다. 월스트리트 스스로가 그걸 증명했다. 절제되지 않은 욕망이 어떠한 참극을 불러올 수 있는지 우리는 이제 경험적으로 너무 잘 안다. 탐욕은 '선'이라기보단 그냥 '직선'적이다. 타협과 양보를 모르고, 극단적이며 무모하다. '빛은 최단 시간으로 이동할 수 있는 경로를 택한다'는 페르마의 원리처럼 탐욕 역시 언제나 최단 경로를 택한다. 그래서 탐욕에 이끌리는 사회는 늘 급하고 분주하다. 모든 것이 바쁘게 움직이고, 빠르게 변화한다. 새로운 정보는 빠르게 받아들여지고, 오래된 지혜는 쉽게 잊힌다. 새로운 사람들은 쉽게 유입되고, 낡은 사람들은 손쉽게 대체된다. 이런 사회에 사는 사람들은 잊히지 않기 위해, 대체되지 않기 위해 차안대를 찬 경주마처럼 앞만 보고 달릴 수밖에 없다.

무분별한 욕망에 이끌리는 무한경쟁 체제는 무수한 문제점들을 낳기도 한다. 횡령, 배임, 내부 거래와 같은 '화이트칼라 범죄White-collar crime'가 끊이지 않고, 사기나 인신매매 같은 전통적인 범죄들도 날이 갈수록 더 교묘해지고 은밀해진다. 불평등도 심각하다. 뉴욕은 미국 사회의 극심한 빈부격차를 가장 극명하게 보여주는 도시다. 전 세계에서 가장 많은 억만장자들이 사는 곳이지만, 한편으론 빈곤층으로 분류되는 사람들이 무려 300만 명에 이르는 곳이기도 하다. 4만 명이 넘는 아이들이 갈 곳이 없어 보호소에서 생활하고 있고, 거리 곳곳마다 노숙자들을 볼 수 있는 도시가 뉴욕이다. 그렇다고 시민들이 느끼는 행복의 정도가 큰 것도 아니다. 늘 강박과 불안에 시달리고 있어서인지 뉴욕 시민들의 알코올 소비량은 미국 내 최고 수준이다.[2] 실제로 뉴욕 시민 열 명 중 한 명은 우울증을 겪고 있다. 더 나아가 다섯 명 중 한 명은 정신질환으로 고통받고 있고,[3] 두 명 중 한 명은 스트레스로 인한 수면장애를 겪고 있다.[4] '잠들지 않는 도시'라는 그럴듯한 별명을 갖고 있지만, 실상은 '잠들지 못하는 도시'에 더 가까운 것이다. 이것이 화려함 뒤에 가려진 뉴욕의 어두운 이면이다.

이렇듯 현실의 문제들은 영화나 만화 속에서 볼 수 있는 어떤 악당보다 거대하고 강력하다. 인피니티 스톤을 다 모은 타노스가 인구의 절반을 손가락 하나로 순식간에 절멸했다면, 현실의 사회 문제들은 인구의 절반 이상을 서서히 갉아먹어 결국에는 사회 전체를 해체시킨다. 더욱 무서운 사실은 타노스의 공격은 무작위였지만, 현실의 불의와 부조리는 언제나 사회적 약자들을 향해 있다는 것이다. 이런 위협들에 맞서 싸워줄 슈퍼히어로들의 연합체인 '어벤저스'라도 있다면 좋았겠지만, 애석하게도 이들은 현실에선 존재하지 않는다.

대신 현실에는 법이라는 무기가 있긴 하다. 하지만 법을 직접 집행하는 입장이 되어보니 법만으로는 이러한 문제들을 상대하기에 역부족이라는 생각을 점점 더 자주 하게 된다. 결국 법을 만드는 것도 불완전한 사람이고, 법을 집행하고 해석하는 것도 불완전한 사람이기에 법 또한 불완전할 수밖에 없기 때문이다. 물론 이건 나에게도 똑같이 해당된다.

부끄러운 고백이지만, 법과 공권력이라는 강력한 힘을 가지고도 성취감과 보람을 느끼는 순간보단 무력감과 부족함을 느끼는 순간들이 더 많았던 것 같다. 피해자들과 그 가족들에게 늘 최선을 다하고 싶었지만 그들의 요구가 버겁고 지칠 때도 종종 있었고, 피해자들에게 정당한 보상이 신속하게 이루어질 수 있기를 바랐지만 업무 처리 능력이 미숙해 버벅댈 때도 많았다. 그래서 제대로 된 보상과 결과를 얻지 못했을 때도 있었다. 또 고귀한 이상을 품고 앞으로 쭈욱 나아가고 싶었지만, 속물적 근성 때문에 제자리걸음만 계속하게 될 때도 있었다. 아쉽게도 나는 완벽하고, 그래서 늘 승리하는 슈퍼히어로와는 거리가 멀었다. 그저 뉴욕의 초보 검사에 불과했던 것이다.

뉴욕의 초보 검사로 지낸 지난 1년간, '슈퍼히어로'는 되지 못하더라도 최소한 사람들의 고통과 슬픔에 공감할 줄 아는 '슈퍼히어러Super-hearer'는 되자는 마음으로 살았다. 그게 검사로서 최소한의 책임이라고 생각했다. '책임Responsibility'이라는 단어에는 '응답하다Respond'라는 뜻이 담겨 있다고 한다. 응답하려면 우선 귀기울여 들어야 했다. 필터 몇 장은 걸친 것처럼 우리 시야에서 가려진 사람들의 이야기를, 거대한 도시의 웅성거림 속에 묻혀버린 상처받고 도태된 사람들의 목소리를, 뉴욕의 고층건물들처럼 높고 거창한 내용은 아니지만 우리 일상 곳곳에 분명히 존재하고 있는 이웃들의 고민을. 그러니 어쩌면 이 책은 그들에 대한 나의 응답인지도 모르겠다.

인간과 삶에 대한 물음에는 국경이 없다고 한다. 실제로 이 책을 쓰는 내내 뉴욕과 한국이 겪고 있는 문제들이 서로 많이 겹친다는 생각을 지울 수 없었다. 뉴욕을 거울삼아 한국이라는 사회에 대해서 함께 고민해볼 수 있는 계기가 되었으면 하는 것이 개인적인 바람이다. 함께 듣고 고민해주신다면 그저 감사할 따름이다.

1장

뉴욕에서
검사로 산다는 것

기회와 위기,
욕심과 양심의 공존

자신이 '세상의 중심'이라고 착각한 남자

세상의 중심은 어디일까?

만약 이과생들에게 이 질문을 던진다면 '세상은 둥글기 때문에 결국 세상의 중심은 지구의 중심, 즉 핵核이나 코어Core'라는 다소 딱딱한 답이 돌아올지도 모른다. 문과생들에게 같은 질문을 던진다면 '세상의 중심은 너와 나, 우리가 살아 숨쉬고 있는 바로 이곳이 아닐까?'라는 식의 감성 충만한 대답이 나올지도 모른다. 그럼 '쓰앵님'들이나 학부모들에게 묻는다면? 그들은 손가락으로 하늘인지 신림동인지 모를 곳을 가리키며 아마 이렇게 말할 것이다.

"S.K.Y."

한때 이 땅에 사는 모든 사람들이 지구가 태양계, 아니 전 우주의 중심이라고 생각하던 시절이 있었다. 그 당시 그리스 사람들은 옴팔로스Omphalos를 세상의 중심이라 믿었고, 호주 원주민들은 울루루Uluru를 세상의 중심이라 여겼다. 먼 옛날 중국인들은 스스로를 중화中華라 칭하며 자신들이 세상의 중심이라 주장했었다. 아니, 어쩌면 지금도 그러고 있다.

그렇다면 실제로 세상을 휘어잡고 있는 강대국은 어떨까? '모든 길은 로마로 통한다' 시절의 팍스로마나Pax Romana, '해가 지지 않는 나라' 시절의 팍스브리태니카Pax Britannica처럼, 미국이 전 세계를 움직이는 초강대국으로 군림하고 있는 팍스아메리카나Pax Americana 시대를 살고 있는 우리에겐 정말 미국이 세상의 중심인 걸까? 글쎄다, 미국의 어느 깡촌에서 살아본 나로서는 도저히 납득이 되지 않는다. 그렇다고 이 질문에 대한 답을 미국인들에게서 찾지는 마시라. 자기네 나라의 50개 주들이 어디에 있는지도 잘 모르는 사람이 꽤 많으니 말이다. 하지만 만약 뉴욕에서 이 질문을 던진다면, 한결같이 '네, 뉴욕이 이 세상의 중심입니다!'라는 확신에 찬 대답이 돌아올 것이다.

그만큼 뉴요커들의 뉴욕 사랑은 대단하다 못해 유별나기까지 한데, 일단 뉴욕에 붙은 수식어만 살펴봐도 'The Big Apple', 'A City of Dreams', 'A City That Never Sleeps' 등, 마치 성조기에 새겨진 별들만큼이나 많다. 뉴욕에 관련된 영화나 노래 역시 수백 개는 된다. 그 밖에도 '금융의 중심지', '공연 예술의 중심지', '패션의 중심지'란 타이틀을 보유 중이고, 인스타그램에서 '전 세계에서 가장 많이 태그된 도시'로 압도적 1위 자리를 매년 유지하고 있다. 이를 보면 뉴욕에 대한 뉴요커들의 자부심을 단순히 '근자감'으로 치부할 수만은 없을 듯하다. 그래서일까? 많은 뉴요커들이 세상의 중심이라는 이 도시에서 경쟁하며 살아남은 것만으로도 자신이 선택받은 사람, 즉 '세상의 중심'이라는 환상에 빠지곤 한다.

내 사건의 피의자 로버트슨 씨도 자신이 세상의 중심이라 착각하며 사는 사람 중 한 명이었다.

밑바닥에서 시작한 자수성가의 신화

로버트슨 씨는 한때 할렘 지역지의 '떠오르는 사업가 TOP 10' 리스트에도 이름을 올릴 만큼 잘나가는 사업가였다. 뉴욕의 할렘 및 브루클린 지역에서만 십수 개의 피자 체인을 운영할 정도였다. 번쩍이는 삼각별 엠블럼이 달린 스포츠카를 굴렸고, 함께 일하는 직원도 300명이 넘었다. 크리스마스 시즌이면 모든 직원들과 일일이 문자를 주고받을 만큼 유대감 또한 남달랐다고 하니, 정말 남부러울 것이 없는 인생이었다. 부족한 게 없는 만큼 쭉 본인의 삶에 만족하며 살았다면 참 좋았겠지만, 내 사무실을 찾아오는 대부분의 사람들이 그러하듯 로버트슨 씨의 경우에도 결국 과한 욕심이 문제였다.

먹어도 먹어도 절대 허기가 채워지는 법이 없는 아귀처럼 끝이 없는 게 사람의 욕심이라고 한다. 게다가 뉴욕은 이런 사람들의 욕심을 부추기고, 그 욕심을 동력 삼아 움직이는 거대한 생명체와 같은 곳이다. 매일 억! 소리 나는 단위의 달러Dollar가 사라졌다 생기기를 반복하고, 이 '달러' 몇 장 차이로 모든 게 '달라'지는 자본주의의 '끝판왕'이라고 할 수 있는 곳이니, 온 도시가 욕망으로 들끓는 상황도 그리 이상한 일은 아니다.

로버트슨 씨는 이런 뉴욕에서 아무것도 없이 밑바닥에서부터 시작한 사람이었다. 그렇기에 이 도시에서 돈이 어떠한 위력을 발휘하는지 누구보다 잘 알고 있었고, 그런 만큼 누구보다 돈을 동경하며 살아왔다. 10대 시절부터 돈만 좇아 달려온 지 30년 만에 마침내 300명이 넘는 직원들을 거느리는 사장이 되자, 그는 여태껏 단 한 번도 느껴보지 못한, 너무나도 힘차게 고동치는 이 도시의 맥박을 온몸으로 경험했던 모양이다. 그리고 아마 이렇게 생각했던 것 같다.

비로소 자신이 뉴욕이라는 이 거대한 욕망 덩어리의 일부를 차지했다고.

이 생각은 로버트슨 씨의 삶을 완전히 바꾸어놓았다. 그는 이제 삼각별 엠블럼보다는 바라카 백작의 검은 말 문양이 새겨진 스포츠카가 탐났고, 매일같이 보는 아내보다는 낯선 여자들에게 눈길이 갔다. 늘어나는 점포의 수만큼, 로버트슨 씨의 욕망도 몸집을 불려간 것이다. 하지만 차체가 무거워질수록 핸들도 같이 무거워져야 방향을 잃지 않고 안정된 운행을 할 수 있는 법이다. 안타깝게도 로버트슨 씨에게는 무섭게 커져만가는 '욕심'이라는 차체를 감당할 만한 무게의 '양심'이라는 핸들이 없었다. 그건 8톤 트럭 '프리마'를 '마티즈' 핸들로 운전하는 것만큼 위험천만한 일이었다.

커져가는 욕심과 흔들리는 양심 사이에서, 로버트슨 씨는 결국 양심이라는 핸들을 놓아버렸다. 그때부터 그는 직원들의 임금을 야금야금 빼먹으며 핸들이 고장난 8톤 트럭처럼 위태로운 질주를 시작했다. 이 질주는 무려 6년이라는 시간 동안 이어지며 수많은 이들에게 피해를 입혔고, 그 금액만 해도 212만 달러, 우리나라 돈으로 25억 원에 달했다. 그에게 착취당한 직원들은 비정규직, 고졸, 이민자 출신 들로, 뉴욕이라는 몸통에서 소외된 채 어려움을 겪던 사람들이었다.

모든 직원들의 이름을 외우고, 연말이면 문자를 주고받을 정도로 사이가 각별했다던 로버트슨 씨가 그들의 어려운 현실을 정말 몰랐을까? 아닐 것이다. 자신의 내연녀에게 선물할 보석의 크기가 2캐럿이냐 1.9캐럿이냐의 차이가, 그의 직원에게는 아픈 아이가 수술을 받느냐 마느냐의 차이였다는 사실도 모르지 않았을 것이다. 하지만 양심을 버리고 욕심을 택한 로버트슨 씨는 그저 돈만 몇 푼 더 손에 넣을 수 있다면, 그런 것 따위는 아무 상관없었던 모양이다.

6년간 25억 원의 임금을 착취하다

로버트슨 씨의 사건 파일을 처음 건네받았을 때 나는 입사한 지 한 달도 채 되지 않은 새내기였다. 신입들이 흔히 그렇듯이, 그 당시의 나 역시 세상을 다 가진 듯한 의욕과 일당백의 사기로 활활 타오르고 있었다. 안 그래도 힘이 잔뜩 들어가 빳빳해진 목에 넥타이까지 꽉 조여주니, 이건 뭐 당장에라도 거악을 척결할 수 있을 것 같은 기분이었다.

패기와 정의감으로 똘똘 뭉쳐 있던 때였으니, 로버트슨 씨의 사건 파일을 읽은 내가 마른 볏단에 불붙듯이 분개했던 건 어찌 보면 당연한 일이었다. 나는 당장 로버트슨 씨의 출석을 요구하는 소환장을 작성했다.

소환장을 보내고 며칠 지나지 않아, 로버트슨 씨는 여유 있는 표정으로 검사실에 출석했다. 검사실에 들어온 그는 긴장한 기색은커녕, 자수성가한 사람들 특유의 당찬 자신감으로 가득차 있었다. 게다가 되지도 않는 순진한 표정을 지으며 자신은 미국의 공정근로기준법Fair Labor Standards Act에 대해 정말 아무것도 몰랐다는 '선빵'부터 날리는 대담함까지 보였다. 참고로 공정근로기준법은 1938년 프랭클린 루스벨트 대통령 재임 기간 제정된 연방 노동법으로, 우리나라로 치면 근로기준법에 해당한다. 잔업근무수당, 최저임금, 미성년자 노동 규제, 고용주의 문서 보존법 등, 노동자들이 보장받을 수 있는 최소한의 권리들을 명시한 법인데, 말 그대로 최소한의 권리를 보장하는 보편적인 법이어서 조금 더 구체적인 조항은 각 주마다 별도로 규정해서 사용하고 있다.

아무튼 역사도 오래됐고, 그만큼 잘 알려져 있는 법이라 사업하는 사람이 공정근로기준법에 대해 알지 못했다는 주장은 설득력이 떨어졌다. 물론 그렇다고 화낼 일은 아니었다. 사실 '잘 몰랐다'라는 말은 너무나도 흔해 빠진 변명이라서, 피고인이나 피의자들이 검사실 문을 열고 들어오자마자 하는 가벼운 인사치레와 마찬가지이기 때문이다. 인사치레는 인사치레로 받아줘야 하는 법. 나는 그에게 공정근로기준법상, 법에 대한 무지는 처벌의 경감 사유가 되지 못한다고 말해줬다. 내 대답에 그다지 당황하지 않는 걸로 보아선, 그 정도는 예상하고 온 모양이었다. 어쨌든 서로 인사는 주고받은 셈이니 슬슬 본론으로 들어갈 타이밍이었다. 먼저 입을 연 쪽은 역시 로버트슨 씨였다. 그는 깊은 한숨을 토해 내며 이렇게 말했다.

"저라고 임금을 깎고 싶어서 깎았겠습니까? 직원들이 일을 제대로 하지 않으니, 저도 어쩔 수 없이 징계 차원에서 임금을 깎은 것뿐입니다."

물론 말도 안 되는 소리였다. 일단 로버트슨 씨의 점포들에 대한 고객들의 평가는 뉴욕의 다른 점포들에 비해 결코 낮은 편이 아니었다. 게다가 직원들 대부분은 그의 밑에서 3년 이상 근무한 사람들이었다. 뉴욕주는 '임의고용원칙'을 따르기 때문에 직원의 근무태도에 문제가 있다면 언제든 해고할 수 있다. (물론 노동의 자율성을 보장하고자 하는 이 원칙에 따라 직원들 역시 언제든 자유롭게 회사를 관둘 수 있다.) 이 원칙을 모르지 않았을 로버트슨 씨가 그의 주장대로 일도 제대로 하지 않는 직원들을 3년 이상 데리고 있었다는 것은 말이 되지 않았다. 징계를 주네 마네, 임금을 깎네 마네 하면서 서로 피곤하게 지지고 볶을 시간에 새로운 직원을 채용하는 편이 훨씬 효율적이었을 테니 말이다. 물론 이런 걸 다 떠나서 300명이나 되는 그의 직원들이 하나같이 근무태도가 엉망이었다는 건 누가 들어도 억지스러운 주장이었다.

"지난 6년 동안 지속적으로, 모든 직원들을 상대로 임금착취를

한 이유가 정말로 그들이 전부 다, 하나같이, 모조리 일을 제대로 하지 않았기 때문이라는 겁니까?"

나 역시 깊은 한숨을 토해내며 묻자, 로버트슨 씨는 너무나도 태연한 표정으로 고개를 끄덕이며 말했다.

"정말 많이 힘들었습니다. 그래도 직원들을 가족같이 생각했기 때문에 참을 수 있었죠."

'살신성인의 화신'이라도 된 양 천연덕스럽게 이야기하는 모습이 여간 알미운 게 아니어서, 그럼 임금을 깎는 징계규정이 정말로 존재하는지 증거를 보여달라고 요구했다. 그랬더니 '있긴 있는데, 정말 있는데, 어떻게 보여줄 방법이 없네'라는 답이 돌아왔다. 이건 뭐 건강기능식품 광고를 찍는 것도 아니고……

아무튼 상식적인 말이 통하지 않는 사람 같았기에, 나 역시 질의를 멈추고 서류를 정리하기 시작했다. 그러는 동안에도 로버트슨 씨는 사실은 자기가 사업 운영 스트레스 때문에 알코올의존증이 심해져 판단력이 흐려지고 단기 기억상실 증상까지 겪고 있다는 황당한 소리를 해댔다. 그쯤 되자 나도 그의 '우디르'급 태세전환과 뻔뻔함엔 경의를 표할 수밖에 없었는데, 어디까지 가려나 궁금해져 혹시 이런 증상을 증명할 만한 진단서가 있냐고 물었다. 아니나 다를까, 너무나 편리하게도 그런 서류들은 보관하지도 않았고 그 내용 또한 잘 기억나지 않는다고 했다.

로버트슨 씨의 억지 주장들은 나름 참신한 시도였지만, 그가 저지른 불법행위들을 밝혀내는 일은 그리 어렵지 않았다. 우선 직원들이 일한 근무기록표와 실제로 받은 임금을 대조해보면 지불되지 않은 잔업수당을 금방 파악할 수 있었다. 매장의 수입과 직원들에게 돌아간 임금을 대조해 그간 임금에서 누락된 팁도 밝혀낼 수 있었다. 로버트슨 씨는 잔업수당을 제대로 계산하지 않았을 뿐 아니라, 신용카드로 계산된 팁을 직원들에게 주지 않은 경우도 태반이었다.

이와 같은 행위들은 공정근로기준법과 뉴욕주 노동법에서 모두 불법행위에 해당하고, 체불임금에 더해 그와 동일한 금액의 부가배상금Liquidated Damages까지 청구할 수 있도록 한다. 예를 들어 500만 원의 체불임금이 있다면 1000만 원을 배상해야 한다. 로버트슨 씨 경우에는 25억 원의 체불임금이 인정될 시, 25억 원의 부가배상금을 보태 50억 원을 배상해야 했다.

모든 정황들이 그의 노동착취가 술김이나 홧김에 저지른 우발적 범죄가 아니라, 철저한 계산하에 이루어진 계획적 범죄임을 말해주고 있었다. 사실 거의 대부분의 노동착취행위가 그렇다. 6년이란 긴 시간 동안 행해진 로버트슨 씨 사건은 더 말할 것도 없다. 그렇기 때문에 미안하단 사죄로는 결코 넘어갈 수 없는 것이다. 물론 로버트슨 씨는 미안하단 말로 용서를 구할 생각조차 없어 보였다. 그는 끝까지 당당했다. 소송이 진행되는 내내 검사실에서도, 그리고 법원에서도 자신은 아무 잘못이 없다면서 악다구니를 부렸다.

임금체불 사건들의 경우 로버트슨 씨처럼 '사업하다보니 어쩔 수 없었다', '나도 먹고살아야 해서 그랬다'라는 식의 변명을 쏟아내는 피고인들이 꽤 많다. 하지만 그들 중 대부분은 일반인들과 비교할 수 없을 정도로 잘산다. 십수 억에서 수십 억을 호가하는 집에서 살고 있는 사람들이 대다수이고, 로버트슨 씨처럼 외제차를 한 대도 아닌 두 대씩이나 굴리는 경우도 허다하다. 그럼에도 그들은 자신이 살인, 강간과 같은 흉악범죄를 저지른 건 아니지 않냐며 잘못을 인정하기를 거부한다.

임금체불은 낙숫물과 같다. 한 사람에게서 한 번에 큰 액수를 갈취하는 것은 아니지만, 적은 금액을 수십 명에서 수백 명의 직원들로부터 수년간 야금야금 빼먹는 행위다. 때문에 당사자는 자기 잘못의 무게를 잘 체감하지 못한다. 수천 번에 걸쳐 조금씩 위법행위를 하다보니, 그 무게에 무감각해지는 것이다. 하지만 꾸준한 낙숫물이 댓돌도 뚫는 법이라 했다. 비교적 적은 금액의 임금체불도 수년간 꾸준히 쌓이다보면 로버트슨 씨 사건의 경우처럼 그 피해 금액이 수십 억 원까지 뛰게 된다. 이는 가뜩이나 불확실한 미래와 어려운 현재에 치여 댓돌처럼 굳어버린 피해자들의 마음에 구멍을 내기 충분할 정도의 무거운 범죄다.

결국 로버트슨 씨는 지난 6년간 총 25억 원 상당의 임금을 직원들에게서 착취했다는 법원의 판결을 받았다. 그는 선고일까지도 나를 붙잡고 이 넓디넓은 뉴욕주에 자기보다 더한 업주들이 얼마나 많은데, 왜 그들은 안 잡고 자신만 괴롭히는 거냐며 울분을 토했다. 끝내 반성하지 않았던 것이다.

스스로 괴물이 되지 않도록

초임 검사로서 로버트슨 씨 같은 파렴치한들을 상대하다보면, 그들의 뻔뻔함에 씁쓸해질 때가 많지만, 한편으론 법정 활극의 주인공이 된 듯한 기분이 들기도 한다. 상대방이 '악'임이 너무나도 분명하다고 느껴질 때에는, 그 반대 효과로 스스로가 '선'이라는 생각이 들기 때문이다. 그래서 승소를 따낼 때는 무의식적으로 주먹을 불끈 쥐기도 하고, '정의는 느릴지라도, 확실하다' 따위의 유치한 독백을 하며 '중2병' 환자 같은 자아도취에 빠지기도 한다. 물론 이 정도는 귀여운 애교로 넘어가줄 수도 있겠지만, 문제는 이러한 과정들이 반복되다보면 나도 모르게 허영심에 취해 진짜 정의와 나 자신의 욕심이 혼동되는 경우가 점점 더 많아진다는 데 있다.

그렇기에 '괴물과 싸우는 사람은 그 싸움 속에서 스스로 괴물이 되지 않도록 조심해야 한다'는 니체의 말이 점점 더 실감나는 요즘이다. 하지만 아직 수양이 부족해서 그런지, 로버트슨 씨 같은 사람들을 겪을수록 의욕과 분노로만 움직이는 단편적인 정의감에 휘둘리곤 한다. 내가 맞다는 확신에 찬 단편적인 정의감은 지극히 단순하고 공허한 것이어서, 그 빈자리에는 결국 내 사건, 내 재판, 내 승소에 대한 욕심과 집착을 채워넣게 된다. 이기고 싶은 욕망, 성과를 내고 싶은 욕망, 인정받고 싶은 욕망에 크게 흔들리는 스스로를 볼 때면, 로버트슨 씨와 마찬가지로 나 역시 이 '세상의 중심'이라는 착각에서 자유롭지 못한 사람이라는 생각에 새삼 놀라곤 한다.

뉴욕에 온 지 얼마 되지 않았을 때, 항상 조급하고 이기적이고 타인에게 무신경하며 불친절한 뉴요커들 때문에 뉴욕 생활에 환멸을 느꼈던 적이 있다. 뉴욕 시내 한복판에서 하나같이 앞만 보고 맹렬하게 걸어가는 사람들을 보며, 난 절대로 그들처럼 되지 않겠다는 다짐을 했었다. 한 가지 목적이나 도그마에 매몰되기보단 주변을 두루 살피며, 내 중심을 지키는 사람이 되겠다고 결심했었다.

하지만 돈이라는 욕망에 무너진 로버트슨 씨의 삶과, 사건들을 처리하며 점점 실적이나 성과라는 욕망에 집착하게 되는 스스로를 보며, 이 다짐이 얼마나 지키기 힘든 것인지 절실히 깨닫게 된다. 주관적인 욕심을 끊임없이 경계하지 않는다면, 나도 얼마 지나지 않아 뉴욕 시내의 인파 속에서 한 가지 목표만 맹목적으로 좇는 사람이 될지도 모른다. 여태껏 단 한 번도 느껴보지 못한, 너무나도 힘차게 고동치는 욕망의 맥박을 온몸으로 느끼게 될 날이 올지도 모른다. 그러다 결국에는 로버트슨 씨가 그랬던 것처럼, 받아들이는 순간이 올지도 모른다. 비로소 나도 뉴욕이라는 이 거대한 욕망 덩어리의 일부가 되었음을.

결국 괴물이 되지 않으려면, 그리고 거대한 욕망 덩어리의 일부가 되지 않으려면, 스스로에게 끊임없이 되묻는 수밖에 없다. 세상의 중심이 어디인지, 또 나의 중심은 어디에 있는지.

정의의 온도

좋든 나쁘든, 누구에게나 첫 경험은 기억에 남기 마련이다. 인턴 시절에도 검사실에서 정식으로 근무를 시작했을 때에도 내 첫 제소提訴자는 매번 한국인이었다. 세계의 모든 문화와 인종이 한데 모여 있어 지구의 축소판이라고 불리는 뉴욕에서 두 번이나 첫 제소자로 한국인을 만난 것이다. 이것이 정말 기막힌 우연의 산물인지, 아니면 열정을 고취시키려는 회사 측의 치밀한 계획인지는 모르겠다. 아무튼 피해자가 한국인이라는 사실을 안 이상 더 큰 책임감을 가지고 사건에 임하게 되었다는 것만큼은 분명하다.

첫 제소자와의 만남은 아직까지 내 머릿속에 꽤 생생하게 남아 있는 편이다. 출근을 시작하고 나서 한 주 동안은 하루도 빠짐

없이 비가 내렸는데, 제소자와 인터뷰가 잡혀 있던 그날도 창밖엔 어김없이 비가 내리고 있었다. 장마철 특유의, 바람을 동반하지 않고 곧게 내려 삽시간에 모든 것을 적시는 비였다. 약속 시간에 맞춰 접견실에 앉아 있자 곧 첫 제소자 인터뷰를 모니터해주기로 한 선배 검사가 들어왔고, 얼마 지나지 않아 제소자가 전문 통역사와 함께 들어왔다. 제소자는 모자를 푹 눌러쓴 할머니였는데, 문을 열자마자 늦어서 미안하다며 고개 숙여 사과부터 하셨다. 비에 흠뻑 젖은 채 송구스럽단 표정으로 연신 사과만 하시는 할머니가 안쓰러워 그만 반사적으로 한국말이 나오고 말았다.

"괜찮으니 편히 자리에 앉으세요."

예상치 못한 곳에서 고국의 언어를 들은 반가움 때문이었는지, 아니면 낯설고 막막했던 상황 속에서 한줄기의 익숙함이 준 안도감 때문이었는지, 할머니는 내 말을 듣자마자 창밖의 장맛비에 뒤지지 않을 기세로 왈칵 눈물을 쏟으며 울분을 토했다.

"검사님, 정녕 미국에 정의가 아직 살아 있긴 하답니까! 이럴 수는 없습니다! 그들이 나에게 이럴 수는 없는 겁니다!"

할머니의 절규는 대개 이런 식이었다. 어찌나 흥분하셨던지 준비된 의자에 앉지도 않은 채 한참을 그렇게 소리치셨다. 할머니의 기세에 나도 적잖이 당황했지만, 대체 내가 무슨 말을 했길래 할머니가 저리 오열하는지 도통 알 길이 없었던 미국인 선배 검사는 얼굴색까지 변해버렸다. 물론 제일 당황한 사람은 예상치 못한 한국인 검사의 존재로 자신의 역할이 애매해져버린 통역사였을 것이다. 아무리 생각해봐도 이 난감한 상황을 타개할 사람은 상대적으로 제일 덜 당황한 나밖에 없어 보였다.

흔히 난관에 부딪혔을 때 기지를 발휘해 상황을 극복해야 한다고 생각하곤 한다. 하지만 사실 이럴 땐 스스로 오랜 시간 동안 검증해온 제일 자신 있는 능력을 활용하는 게 효과적일 가능성이 높다. 언제나 느긋하고 만사태평인 나에게 가장 자신 있는 능력이란 상대방의 말을 인내심을 가지고 들어주는 것이다. 어쩌면 너무 시시해 보이는 능력일지도 모르겠다. 대중 미디어의 영향 때문이었는지 몰라도 나 역시 어렸을 때는 유능한 검사라면 셜록 홈스처럼 가설적 추론을 앞세워 상대방의 옷차림만 보고 그의 습관이나 출신 배경까지 알아내는 신묘한 기술을 구사해야 한다고 생각했다. 아니면 적어도 냉철한 눈빛으로 상대방을 시종일관 압박하며 그의 말이 거짓이나 궤변으로 일관될 시엔 매섭게 윽박지르는 능력 정도는 보유해야 한다고 여겼다. 물론 이게 얼마나 현실적으로 어렵고, 심지어 위험한 방법인지는 일을 시작한 지 얼마 안 되어 바로 깨달았지만 말이다.

경청하는 재주가 수사에 도움이 되냐고 묻는다면, 안타깝게도 꼭 그렇지만은 않다. 얼핏 생각하면 수사에 최적화된 능력 같지만, 사실 득보다는 실이 되는 경우가 더 많다. 많은 양의 정보가 늘 좋은 건 아니기 때문이다. 눈에 핏줄이 터질 때까지 5000장의 문서를 검토해도 정작 쓸 만한 정보는 다섯 장 분량도 못 건지는 경우도 있고, 50장 이내의 문건들만으로 핵심 정보를 모두 찾아내는 경우도 있다. 실제로 대부분의 사건 해결에 필요한 정보는 A4용지 서너 장에 요약될 수 있다. 이렇듯 수사에서 중요한 건 정보의 양이 아니라 질인데, 나는 대화를 통해 사건의 본질과는 전혀 상관없는 정보들까지 다 듣고 있다보니 효율성 면에서는 떨어질 수밖에 없다. 학생으로 치자면 핵심 포인트만 집어내는 노련한 우등생 스타일이라기보단 요령 없이 교과서를 통째로 암기할 작정으로 덤벼드는 스타일이랄까.

이렇게 모든 이야기를 열심히 들으며 살아오다보니 필연적으로 따라오는 부작용이 하나 있다는 사실도 알게 되었다. 예를 들어 로스쿨 입학시험 성적 상담을 목적으로 학생과 한 시간 넘게 대화하다보면 어느새 그 학생이 울먹이며 은밀한 가족사를 들려주고 있다거나, 설문조사에 참여해달라는 대학생을 따라가 성실하게 답변에 응하다보면 어느새 그 학생이 한숨을 쉬며 진로 고민을 이야기하는 식이다. 심지어 군대에서도 관심병사 전담 상담병이 되어 이 훈련은 이래서 못하겠고 저 훈련은 저래서 못하겠다는 온갖 변명들을 진지한 표정으로 받아 적는 게 중요한 일과였다. 라디오 DJ로 일해본 적도 없는 내가 세상의 사연이란 사연은 다 접하며 살아온 셈이다. 그래서인지 강남역이나 남부터미널 주변을 지나갈 때 얼굴에 사연이 많아 보인다며 어김없이 '도팔이'들이 꼬인다. 물론 난 그들의 이야기까지 가끔 들어준다.

어찌되었든 책상에 쓰러져 눈물로 자신의 설움을 쏟아내는 할머니를 다그치며 멈추게 할 수는 없었기에, 그날도 난 할머니의 사연을 매우 세심하게 필기까지 하며 들었다. 들어보니 할머니의 사연은 대강 이랬다.

할머니의 로맨스를 둘러싼 욕망의 민낯

할머니는 지역 한인 사회에서 재산깨나 있다는 한 회장님의 가사도우미로 몇 년간 일하셨단다. 말이 가사도우미지, 오랜 지병으로 몸이 쇠약해진 회장님의 병시중을 드는 게 주업무였다. 처음엔 모든 게 순조로웠다. 하지만 시간이 지나면서 회장님은 점점 할머니에게 의지하기 시작했고, 이 마음은 빠르게 애틋한 감정으로 커져갔다. 원래 사랑을 주는 사람은 그 사랑을 어떤 식으로든 증명하고 싶어하는 법이다. 회장님은 할머니에게 선물 공세를 펼쳤고, 연모의 마음이 커질수록 선물의 스케일도 커져만갔다.

하지만 셰익스피어가 말했듯이, 진정한 사랑의 길은 평탄치 않다. 이 상황을 지켜본 회장님의 자녀들은 슬슬 불만을 가지기 시작했다. 그들은 넉넉한 봉급 외에도 너무 많은 걸 가져가는 할머니가 얄밉고 괘씸했다. 언젠가는 자신들에게 돌아올 재산까지 가로챌 수 있다는 걱정도 덜컥 들었다. 그래서 회장님이 심장발작을 일으켜 중환자실에 입원하게 된 어느 날, 그들은 할머니를 집에서 쫓아냈다. 할머니는 한순간에 거처와 직장, 그리고 생계수단까지 잃게 된 것이다. 그런 상황에서도 할머니는 오로지 회장님의 빠른 쾌유만을 기원하셨다고 한다. 애석하게도 할머니의 간절한 염원은 이루어지지 않았고, 회장님은 할머니가 쫓겨난 지 일주일 만에 돌아가셨다. 그로써 할머니는 유일하게 붙들고 있던 사랑마저 잃고 말았다.

간병인과 회장의 로맨스를 둘러싼 한 가족의 욕망의 민낯이라니, 할머니의 사연은 분명 드라마에서 한 번쯤은 본 듯한 익숙한 내용이었다. 하지만 직접 들어보니 그 과정이나 결말이 썩 '품위 있진' 않았다. 그리고 문제를 해결해야 할 입장에선 여간 곤혹스러운 것이 아니었다. 일단 멜로는 내 전문 분야가 아니었다. 하지만 그보다 더 큰 문제는 할머니의 사정에 법적 해결책이 전혀 없다는 점이었다. 애초에 할머니가 제보한 내용을 입증할 폭행이나 협박의 증거가 없었고, 임금 또한 꼬박꼬박 제때 지불되었단다. 위법행위는 일절 없었던 것이다.

자초지종을 전해 들은 선배 검사는 굳은 표정으로 인터뷰를 마무리하자고 나지막이 속삭였다. 할머니의 사정은 딱하지만, 우리가 해줄 수 있는 일은 아무것도 없다고 했다. 그 말에 동의하는 건 아니었지만, 나 역시 인터뷰는 그쯤에서 중단하는 게 좋겠다는 생각이었다. 일단 할머니의 이야기를 더 듣기엔 점심시간이 훌쩍 지나 있었다. 배도 고팠고, 모두가 긴 인터뷰와 격앙된 감정에 지쳐 있기도 했다. 결국 모두를 위해 적당한 타이밍을 잡아 인터뷰를 마치고, 할머니를 건물 로비까지 모셔다드렸다.

사실 우리가 할머니에게 아무것도 해줄 수 없다는 선배 검사의 주장은 심각한 오류를 내포하고 있다. 이는 매우 편협한 시각이기도 하다. 법적 해결책이 없다고 해서 문제 해결이 불가능하지는 않기 때문이다. 사실 법적 해결이란 매우 극단적이고, 때론 폭력적인 수단이다. 상처를 치유하기는커녕 오히려 새로운 갈등을 야기할 위험이 크다. 할머니가 자신들을 고발했다는 소식만으로 노발대발하며 무고죄로 맞불을 놓겠다던 회장님 자식들의 반응만 봐도 알 수 있듯이, 법은 모든 분쟁의 궁극적이고 이상적인 해결책이라고 보기 힘들다.

그럼에도 사람들이 법에 의한 해결을 원하는 이유는 아마 감정의 작용이 크지 않을까 싶다. 분노하고 상처받아 곪을 대로 곪아버린 마음은, 더딘 화해와 타협의 과정보단 선명하고도 이분법적인 법의 정의에 끌리기 마련이다. 하지만 반대로 생각해볼 때 만약 다친 마음을 어루만져줄 수 있다면, 그들은 굳이 법정 다툼이라는 외나무다리 싸움까지 가지 않을지도 모른다.

그 당시 내가 이런 거창한 생각으로 할머니에게 손길을 내밀었던 건 아니다. 첫 사건을 이렇게 마무리하기가 영 찝찝해서였던 것 같기도 하고, 우리 민족이 유별나게 강조하는 '정'에 휘둘린 것 같기도 하다. 평소 다른 사람의 이야기를 잘 듣는 성향도 한몫했을 수 있다. 어떤 이유에서였든 난 할머니에게 개인 연락처를 드리며 하시고 싶은 말씀이 있을 땐 언제든지 연락하시라고 했다. 그리고 할머니를 쫓아낸 사람들에게 법적으로 문제 제기는 못하더라도, 법이 마련한 틀 내에서 할머니가 금전적 혜택을 받을 수 있게끔 도와드리겠다고 약속했다.

그날 이후 일주일간은 모든 게 순탄했다. 국가보조금 신청서 접수도 잘 마무리되었고, 할머니에게 종종 오는 문자와 전화도 꼬박꼬박 답해드렸다. 서류 처리만 완료되면 곧 국가보조금 혜택이 나와 할머니의 경제적 어려움도 조금은 나아질 수 있을 거라고 전해드렸다. 그렇게 할머니와의 인연은 훈훈하게 마무리되는 듯싶었다.

무너진 초심과 '그 잘난' 정의

하지만 그 후 할머니의 연락은 더 잦아졌고 그 시간대는 더욱 무분별해졌다. 출근 시간, 퇴근 시간을 가리지 않고 전화가 왔고 내용 또한 점점 더 허무맹랑해졌다. 할머니는 자신을 음해하는 세력이 존재한다고 주장하셨고, 심지어 도청당하고 있다고 믿고 계셨다. 누군가 우리가 교환한 이메일이나 문자 내용을 본다면 할머니를 에드워드 스노든Edward Snowden(미국 내 통화감찰기록과 PRISM 감시 프로그램 등 NSA의 기밀문서들을 세상에 공개한 내부고발자)으로 착각했을지도 모른다. 그리고 할머니의 이야기는 세상에 정의가 존재한다면 법이 악의 세력을 몰아내고 자신을 구원해줄 것이라는 법만능주의나 권선징악론 같은 결론으로 마무리되곤 했다.

처음에는 할머니가 처한 상황이 상황인 만큼 좋게 받아들이려 했다. 하지만 사람은 지친다. 더군다나 당시에는 업무량도 점점 불어나고 있었다. 할머니의 사건과는 달리, 확실한 위법행위와 법적 해결책이 있고 수십, 수백 명의 피해자와 수십, 수백억 원대의 피해 금액도 있는 '진짜' 사건들이었다. 이런 상황에서 황당한 내용의 전화와 문자 공세가 계속되자 왈칵 짜증이 났고, 내 답변은 조금씩 퉁명스러워졌다. 할머니 마음의 상처를 치유해드리기로 결심한 지 3주가 채 지나지 않은 시점이었다.

어느 날 밤, 어김없이 할머니에게 전화가 왔다. 그냥 모른 척할까도 고민했지만, 마침 퇴근 후 쉬는 중이었기에 마지못해 휴대폰을 들었다. 만나서 점심 한끼 하자는 내용이었다. 뭔가 중요한 일인가 싶어 32번가에 있는 한인타운의 한 식당에서 주말에 만나기로 약속을 잡았다.

약속 당일 식당에 도착하니 할머니는 우리가 처음 봤던 날과 똑같은 복장으로 구석 테이블에 앉아 계셨다. 막상 할머니의 얼굴을 보자 오늘은 또 어떤 음모론을 듣게 될까 덜컥 겁이 났다. 전날 술을 마신 것도 아닌데 갑자기 속이 쓰려오기 시작했다. 그래서 무엇을 들겠냐는 할머니의 질문에 쓰린 속을 달래줄 해장국 한 그릇이면 될 것 같다고 했다. 잠시 후 펄펄 끓는 해장국이 내 앞에 놓이자, 할머니는 예전의 거칠고 날 선 말투와는 사뭇 다른 나지막한 목소리로 말씀하셨다.

"검사님, 그동안 나이든 노인네 투정 받아주느라 힘드셨지요? 제 이야기를 끝까지 들어주시고 제 편이 돼주신 건 검사님뿐이었습니다. 너무나도 큰 힘이 되었습니다. 평생 이 은혜 잊지 않겠습니다."

뜻밖의 전개에 너무 놀라진 마시라. 우리가 한 달간 진행한 경청 세러피는 할머니의 마음을 조금 다독여주었을 뿐이다. 마음의 상처는 그리 쉽게 치유되지 않는다. 사람도 그리 쉽게 변하지 않는다. 할머니 역시 그랬다. 그날 이후에도 할머니는 짧게는 한 달, 길게는 두 달에 한 번씩 사기를 당했다거나 감시를 받고 있다는 이메일을 보내셨다. 지금도 여전히 보내신다. 다만 바뀐 게 있다면 이메일을 대하는 나의 태도랄까. 그만큼 그날 식당에서 할머니가 하신 말씀은 내 안 깊숙이 들어와 마음을 움직였다.

그 순간의 기억은 아직도 또렷하다. 할머니의 말씀이 너무도 뜻밖이라 잠시 동안은 아무 대꾸도 못하고 멍하니 앉아 있었다. 어찌나 당황했던지 바로 앞에 놓인 해장국 끓는 소리가 옆 테이블, 아니 식당 저 끝에서 나는 것처럼 멀고 희미하게 들렸다. 하지만 그 와중에도 어떤 열기만은 매우 강렬하게 느껴졌다. 펄펄 끓는 해장국에서 나온 열기였을 수도 있지만, 아마도 내 얼굴이 그보다 더 뜨겁게 달아올랐기 때문이었던 것 같다.

굳이 변명을 하자면 당시 나는 할 수 있는 선에서 할머니에게 해드릴 수 있는 모든 것을 다 해드렸다고 생각했다. 이를테면 국가보조금 신청서와 같은 '법적' 해결책들 말이다. 그렇다보니 그 이후에 들어간 시간과 노력은 '배려' 혹은 '선의'라고 생각했던 것 같다. 그러니 내 마음과 노력도 몰라주고 시도 때도 없이 무리한 연락을 하는 할머니에게 왈칵 짜증이 났던 것이다. 한마디로 오만하고 경솔했다.

사실 난 능력 있지만 차가운 법조인보다는 업무 처리는 조금

느리더라도 따뜻하고 인간적인 법조인이 되고 싶었다. 피의자 또는 참고인, 피해자 또는 그 가족 모두에게 항상 성심성의껏 대하는 자세를 견지하고 싶었다. 어떤 경우에도 친절한 태도를 흐트러뜨리지 않기로 다짐했다. 어떤 경우에도 권력과 지식을 뽐내며 우월감을 드러내 상대방을 위축시키거나 비굴하게 만드는 일이 없길 바랐다. 하지만 할머니의 말씀을 듣고 보니 나는 그런 사람이 되지 못할 것 같다는 생각이 들었다. 내가 자만에 빠져 중요하다고 생각하던 '진짜' 사건 파일들이 일으킨 바람에 초심이 깃털처럼 허무하게 날아가고, 내 오만함과 조급함에 할머니의 외로움과 상처, 그리고 무엇보다 진심이 가려지는 데에는 한 달이 채 걸리지 않았으니 말이다.

아직도 그때를 생각하면 얼굴이 화끈거린다. 과거에도 쉽게 무너졌던 초심이니 앞으로도 쉽게 무너지지 않으리란 보장이 없다. 다행스러운 점은 초심은 쉽게 바랠지라도 첫 경험은 잘 잊히지 않는다는 사실이다. 어떻게 보면 내 첫 고객이었던 할머니는 일하면서 처음으로 부끄러움이란 걸 느끼게 해준 고마운 분이다. 평생의 은혜를 입은 건 오히려 나다. 앞으로도 그때의 화끈거림, 그때의 부끄러움을 간직하고 산다면, 그래서 그 부끄러움이 다른 뜨거운 무언가가 될 수 있다면, 따뜻한 사람은 되지 못할지언정 차가운 사람은 되지 않을 것 같다.

할머니가 입버릇처럼 말씀하신 그 잘난 정의라는 게 이 세상에 정말 존재한다면, 그 정의는 아마 이런 온도를 갖고 있지 않을까?

잊혀서는 안 될 이름들

11:00 A.M.

오늘의 첫 번째 피해자가 들어왔다. 100킬로그램은 너끈히 넘을 것 같은 커다란 체구의 남자. 그는 느릿느릿, 내 좁은 사무실이 광활한 공간처럼 느껴질 만큼 아주 천천히 걸음을 옮겼다.

마침내 자리에 앉은 그는 자신을 공항 수하물 처리 직원이라고 소개했다. 창고에서 무거운 짐을 나르는 일을 하고 있으며, 주로 야간 근무를 맡는다고 했다. 열 시간 넘게 밤을 새워가며 일하는 것은 당연히 힘들지만, 다른 직원들에 비하면 자신은 처지가 나은 편이라고 했다. 오후 근무를 서는 동료 가운데 여름날 끔찍하게 뜨거워지는 창고 안 열기 때문에 작업 도중 쓰러진 이도 여럿 있다고 했다.

"겨울이 오면 상황이 역전되긴 하죠. 한겨울 해가 떨어진 후의 창고 안은 정말 믿을 수 없을 정도로 춥거든요. 시멘트 냉기가 옷은 물론이고 살갗까지 뚫고 들어오는 바람에 근육과 관절이 얼어붙기 일쑤예요. 몸이 얼지 않으려면 한시도 쉬지 않고 끊임없이 움직이는 수밖에 없습니다."

그 말을 듣고 그의 손을 보자, 혈관이 툭툭 튀어나온 두툼한 손가락 군데군데 갈라진 틈 사이로 까맣게 굳어버린 진물이 눈에 들어왔다. 안타까움을 느낄 겨를도 없이 그의 말이 이어졌다.

"뭔가 이상하다고 생각한 지는 좀 되었습니다."

언제부터인가 그의 급여명세서에 적게는 세 시간에서 많게는 여덟 시간 이상까지, 근로 시간이 축소 기록되기 시작했다. 처음 한두 번은 실수겠지, 서류상의 오류겠지 하고 넘어갔지만 세 번, 네 번, 그러다 열 번 이상 같은 일이 반복되자 무언가 잘못되었다는 생각이 들었다. 매니저에게 찾아가 명세서를 보여주며 따졌지만, 돌아온 건 퉁명스럽고 사무적인 답변뿐이었다.

"이런 건 나를 찾아올 게 아니라, 회사의 임원들에게 건의할 사항입니다."

하지만 그는 회사 임원진이 누군지도 몰랐고, 어떻게 만날 수 있는지는 더더욱 몰랐다. 그래서 그때부터 자신과 비슷한 일을 겪고 있는 동료가 있는지 캐고 다니기 시작했다. 한 명, 두 명, 만나는 동료의 수가 늘어갈수록 의심은 확신으로 변해갔다. 이 일은 자신에게만 일어난 일시적 '오류'가 아니라 전 직원들에게 장기적으로 행해져온 회사 측의 '기만'이 분명했다. 그러자 여태까지 그저 어쩔 수 없다고 받아들였던 모든 일들에 의문이 피어올랐다.

'왜 우리는 한여름 38도가 넘는 창고 안에서 물과 휴게 시간도 없이 일해야만 하는가?'

'왜 우리는 한겨울 살을 찢고 뼛속까지 관통하는 추위에도 아무런 보호장비 없이 벌벌 떨며 일해야만 하는가?'

그는 이대로 가만히 있어서는 안 되겠다는 생각이 들었고, 함께할 동료들을 모으기 시작했다. 하지만 동료들을 조직해 회사 측에 노동조건 개선을 부르짖거나 토막 난 노동 시간과 급여에 대한 해명을 촉구하는 일은 쉽지 않았다. 대부분의 동료들은 회의적이었다.

"우리라고 억울하지 않겠어? 하지만 조용히 있는 편이 나아. 괜히 임원진의 미움을 사서 해고라도 당하면 어쩌려고 그래?"

핀잔만 건네는 동료들이 야속하긴 했지만, 그는 동료들을 탓하지 않았다. 아니, 탓할 수 없었다. 불합리한 상황에 대한 억울함보다 해고에 대한 두려움이 더 큰 것은 자신 역시 마찬가지였기 때문이다. 그는 간절한 목소리로 내게 말했다.

"검사님, 제발 저를, 제 동료들을 도와주십시오. 저는 법을 모릅니다. 지금 제가 무얼 해야 할지도 잘 모르겠습니다. 하지만 한 가지는 분명히 알겠습니다. 정당한 대우를 받고자 하는 제가 잘못된 것이 아니라, 우리를 기만하고 착취하는 회사가 잘못된 것이라는 사실이요."

고개를 들어 그의 얼굴을 보자, 크고 물기가 많은 눈이 보였다. 순간 그의 눈가에 맺혀 있는 눈물이 그의 손등과 손가락 마디마디에 고여 있는 진물보다도 진득한 고름처럼 느껴졌다. 나는 그에게 되도록 빠른 시일 내에 법률적 도움을 주겠다고 약속하며, 다른 동료들의 증언이 최대한 많이 필요하니 모을 수 있는 대로 많은 직원들을 모아달라고 부탁하고 일단 그를 돌려보냈다. 돌아서는 그의 뒷모습은, 처음 내 방문을 열고 들어오던 때의 모습보다 한없이 작게만 느껴졌다.

3:00 P.M.

오늘의 두 번째 피해자가 들어왔다. 질끈 묶은 머리가 훤히 드러낸 화장기 없는 얼굴엔 여러 줄의 주름이 선명하게 새겨져 있었다. 꺼진 눈두덩에, 이마에, 그리고 정수리에 피로의 흔적이 거무죽죽한 흡반처럼 끈끈하게 달라붙어 있었다. 미리 사건 파일을 검토해보지 않았더라면, 그녀가 나와 동갑이라는 사실조차 알아채지 못했을 것이다.

그녀에게는 어린 아들이 하나 있다고 했다. 2년 전부터 시름시름 앓기 시작한 아이는 1년 전부터는 거동조차 할 수 없을 정도로 상태가 악화되었다. 병원에서는 희귀병이라는 진단을 내렸고, 치료비용이 만만치 않을 것이라고 했다. 그 소식을 듣고 얼마 지나지 않아 남편은 가정을 버리고 떠났다.

집안의 유일한 수입원이 되어버린 그녀는 대형 호텔 체인의 케이터링 서비스 직원으로 일하기 시작했다. 월세와 생활비, 그리고 아들의 치료비까지 감당하려면 죽기 살기로 일하는 수밖에 없었다. 그녀는 업무 평가에서 늘 우수한 점수를 받았고, 동료 직원들과의 관계도 원만했다. 그해 7월, 그녀는 직속 상사에게 조심스레 자신의 상황을 설명했다. 아들의 골수 이식 수술을 위해 연말 즈음 열흘간 휴가를 내야 할 것 같다고 말하자, 상사는 흔쾌히 알겠다고 답했다. 다만 그녀가 근무한 지 1년째가 되는 11월에 휴가를 낼 수 있다고 설명했다. 미국의 가족·의료휴가법Family and Medical Leave Act은 1년의 근무 기간을 채운 직원들에게만 해당 법의 혜택을 부여하기 때문이다.

그 후 그녀는 11월이 오기만을 손꼽아 기다리며 더욱 일에 매진했다. 드디어 그녀가 호텔 직원으로 근무한 지 딱 1년이 되어 의료휴가를 낼 수 있는 11월 26일을 일주일 앞둔 날, 그녀는 회사로부터 해고 통보를 받았다. 해고 사유는 그리 길지 않았다.

'불성실한 업무태도.'

이야기를 마친 그녀는 이내 입을 다물고 침묵했다. 눈물도 닦지 않은 두 눈을 부릅뜬 채로. 나 역시 할말을 찾지 못하고 고개만 살짝 돌려 테이블의 모퉁이를 응시할 뿐이었다. 유리창으로 오후의 햇빛이 비스듬히 쏟아져 들어오고 있었다. 아들의 수술일이 언제인지, 만약 지났다면 아이는 어떻게 되었는지 물을 자신이 없었다. 위태로운 침묵이 길게 이어지는 동안에도 사무실 밖에선 레이저 프린터가 낮고 성마른 기계음을 내며 쉼 없이 인쇄물을 뱉어내고 있었다.

결국 오전에 찾아온 첫 번째 피해자에게 했던 말을 그대로 반복하곤, 그녀를 엘리베이터 앞까지 바래다주었다. 그녀는 고맙다는 인사와 함께 힘없이 미소를 지었다. 나는 주머니에서 교통카드를 꺼내 내밀었다. 한사코 거절하는 그녀에게 회사 차원에서 무료로 제공되는 편의이니 부담 갖지 말고 받아달라고 했다. 그제야 그녀는 미세하게 떨리는 손으로 교통카드를 받아들었다. 그리고 엘리베이터 문이 철컹하며 닫히는 소리와 함께 시야에서 사라졌다.

5:00 P.M.

오늘의 세 번째 피해자가 들어왔다. 그녀는 엘살바도르 출신으로 스페인어밖에 할 줄 모른다고 했다. 왼쪽 팔과 발에 깁스를 한 그녀는 통역사의 부축을 받으며 사무실로 걸어 들어왔다.

3년 전 미국으로 건너온 그녀는 엘살바도르에 있는 가족에게 돈을 보내기 위해 농사일을 시작했다. 늙고 왜소한 그녀에게 농사는 거칠고 고된 일이었지만, 가족의 생계가 걸렸기에 견뎌내야만 했다. 하지만 근무환경은 너무도 열악했다. 그녀는 하루에 열네 시간씩 일했고, 한 달에 하루만 쉴 수 있었다. 봉급은 최저임금에 한참 못 미치는 수준이었고, 잔업수당은 아예 없었다. 그녀는 뉴욕주가 보장하는 최저임금법과 잔업근무수당법의 혜택을 전혀 누리지 못하고 있었다. 오후의 햇살이 뒷덜미를 덥힐 시간대에는 참을 수 없는 졸음이 쏟아졌는데, 선 채로 졸기라도 하면 고용주가 욕을 하면서 뺨을 때렸다. 저녁 시간 때만 되면 종아리와 발등은 묵직하게 부어올랐고, 조금이라도 건조한 날이면 기침과 코피가 났다. 두통은 일상이었다.

어느 날, 고용주가 운전하는 골프카트가 그녀의 발을 밟고 지나갔다. 그녀는 외마디 비명을 지르며 땅바닥에 쓰러졌고, 발목은 눈에 띄게 부어올랐다. 고용주가 고통을 호소하는 그녀를 데리고 간 곳은 병원이 아니라 자신이 믿는 토속신앙의 주술사 격인 쿠란데로Curandero의 집이었다. 민간요법에 의존한 허술한 응급 처치를 받은 그녀는 잠시 회복할 시간도 없이 바로 일터에 투입되었다.

발목의 통증은 좀처럼 나아지지 않았고, 그녀의 일 처리와 몸짓은 더욱더 굼떠질 수밖에 없었다. 며칠 뒤, 몇 개의 박스를 겹겹이 쌓아 들고 시야가 가려진 채 한 걸음 한 걸음 옮기는 그녀를 본 고용주는 왜 이리 동작이 느리냐며 발길질을 했다. 불편한 발목 때문에 제대로 중심을 잡을 수 없었던 그녀는 맥없이 쓰러졌고, 이 과정에서 손목과 손가락 두 개가 부러졌다. 생각보다 일이 커져 당황했는지, 고용주는 이 일을 경찰에 신고하면 그녀가 불법 체류자라는 사실을 당국에 밝혀 강제 추방시켜버리겠다고 협박했다. 그 정도로는 안심이 되지 않았는지, 그녀를 죽인 후 시신을 엘살바도르에 쥐도 새도 모르게 보내는 건 일도 아니라는 무시무시한 협박까지 덧붙였다.

하지만 자신의 충실한 일꾼이 발에 이어 손까지 다쳐 부려먹기 힘들어지자, 일단 치료해주는 게 이득이라고 판단한 고용주는 다음날 그녀를 차에 태운 뒤 한 시간 이상을 운전해 병원까지 데려갔다. 병원 앞에서 고용주는 다시 한번 그녀에게 입도 뻥긋하지 말라고 단단히 주의를 주었고, 실제로 의사를 만나서도 모든 설명을 대신했다. 물론 모두 급조된 거짓 정보뿐이었다.

치료를 마친 후 2주 동안은 휴식을 취해야 한다는 의사의 당부에도 불구하고, 그녀는 바로 다음날 고용주 가족의 아이를 돌보는 일에 투입되었다. 그리고 다시 일을 시작한 지 사흘째 되던 날, 경찰에게 구조되었다. 고용주의 언행이 수상쩍다고 생각한 의사가 경찰에 신고한 것이다.

마지막 피해자의 인터뷰는 앞의 두 사람에 비해 유난히 긴 시간이 소요되었다. 통역이라는 추가 과정이 필요했기 때문이기도 하지만, 설명을 하는 도중 피해자의 감정이 자주 격해졌기 때문이다. 그녀의 나직한 음성은 조금씩 높아지다가 이내 흐느낌으로 변했고, 흐느낌이 잠잠해지는가 싶으면 다시 나직한 음성으로 지난 몇 주간의 아픈 기억을 읊조렸다. 단어들과 흐느낌이 한데 어우러져 그 둘을 구별할 수 없을 때도 많았다. 이 과정이 몇 번이고 반복됐다.

내가 할 수 있는 일은 그 긴 과정의 모든 순간, 그녀의 나직한 음성과 흐느낌 사이사이에 도사리던 무거운 침묵들까지도 숨죽여 귀를 기울이는 것뿐이었다. 그렇게라도 해야 그녀가 겪은 고통이 무엇인지 조금이라도 이해할 수 있을 것 같았다. 그러는 동안 저녁의 푸른 어스름들도 어느새 지나가고, 창밖에는 칠흑 같은 어둠이 깔려 있었다.

8:00 P.M.

이제 일어나야 할 시간이었지만, 나는 꼼짝 않고 의자에 앉아 있었다. 하루 동안 수많은 사람들이 입을 열고 습기 찬 날숨을 뱉어낸, 사무실 가득 밀폐돼 있던 공기를 빨아들이자 안쪽 깊숙한 곳에서부터 답답함이 차오르는 게 느껴져 급히 창문을 열었다. 얼굴에 닿은 12월 초순의 공기는 한없이 차가웠다. 눈을 감고 겨울 공기를 마시자 이런저런 생각들이 두서없이 떠올랐다.

'오늘 사무실에 왔던 그들은 어떤 심정으로 날 찾아온 것일까? 나는 과연 그들 안에 생긴 구멍들을 조금이라도 메워줄 수 있을까? 오늘 내가 전해 들은 것들, 그 수많은 침묵과 헛기침과 망설임과 흐느낌, 뭉툭하면서도 날카로운, 유연하면서도 단단한 단어들을 조합해 나는 어떤 내용을 완성할 수 있을까?'

꼬리에 꼬리를 물고 이어진 생각의 마지막은 이것이었다.

'오늘 나를 찾아온 사람들의 이름은 무엇이었지?'

우리 사회가 주목하는 사건들은 항상 피해자가 아니라 가해자의 이름으로 거론되고 기억된다. 검사실 역시 모든 사건에 통상적으로 부여하는 사건번호가 아니면 피고인의 이름으로 사건들을 구분한다. 피해자들은 이름이 없다. 이름이 없기에 쉽사리 잊힌다.

문득 오늘 나의 사무실을 찾은 사람들이 이름 없는 피해자가 되어선 안 된다는 생각이 들었다. 그들은 이름 없는 피해자가 되지 않기를 원했기 때문에 여기 온 것이다. 적어도 짧지 않은 시간 동안 눈을 마주치고, 함께 호흡하며, 그들의 상처 깊숙한 곳까지 들여다본 나는 그들을 그리 간단히 잊어서는 안 된다고 생각했다.

크고 물기가 많던 그의 눈을 기억한다. 꺼진 눈두덩이와 선명하게 그어지던 그녀의 주름을 기억한다. 격해진 감정을 추스르지 못해 터져나오던 나직한 흐느낌을 기억한다. 그들의 표정, 자신들이 겪은 날것 그대로의 아픔과 상처를 말로 표현하는 일의 고통, 그래서 위태롭게 이어지던 침묵을 기억한다.

이 모든 것들을 기억하며, 해당 사건과 관련된 서류들을 보관하는 마닐라 폴더들에 통상적으로 적는 피고인의 이름 대신 그들의 이름을, 잊혀서는 안 될 그 고귀하고도 존엄한 이름들을, 천천히 힘주어 한 자 한 자 적었다.

Allen

Melissa

Aguilera

내가 검사실을 지키고 싶은 이유

뉴욕 법조계의 꽃은 단연 변호사다. 이건 미국 법정 드라마만 봐도 알 수 있다. 이들은 늘 성공한 전문직의 표상으로 그려진다. 고액 연봉을 받으며 세련된 맞춤 정장을 입고 다닌다. 복잡하게 얽혀 있는 문제들을 번뜩이는 기지와 위트 있는 말 몇 마디로 우아하게 해결할 만큼 능력도 뛰어나다. 심지어 퇴근 후에는 더 멋져진다. 세상의 모든 사건들을 해결하고 다닐 만큼 바쁘면서도 데이트 약속은 꼭 있는데, 그럴 때마다 늘 자신 있게 상대를 리드한다. 와인을 마시면서 아로마aroma와 부케bouquet의 차이(와인의 향을 논할 때 쓰이는 용어로, 포도 본연의 향이나 발효 과정에서 나는 향을 아로마, 숙성된 와인에서 풍기는 향을 부케라고 한다)를 구분해서 쓸 정도로 해박한 와인 지식을 가졌고, 클래식 음악에도 조예가 깊으며, 운동까지 잘한다. 모르는 것도, 못하는 것도 없다. 그래서 그런지 데이트는 늘 달콤한 입맞춤으로 마무리된다.

그에 비해 검사는 보통 어딘가 좀 부족하게 그려진다. 일단 외견부터 다소 칙칙하다. 변호사와의 기싸움에서 지지 않으려고 겉모습에 신경쓴 티는 나지만, 자세히 들여다보면 신고 있는 구두의 뒤축이 다 헤져 있다. 일에 전념하느라 패션에 소홀한가 싶지만, 사실 그다지 정의로워 보이지도 않는다. 얼마나 심술궂게 살아왔는지 미간 주름이 8차선 도로처럼 크고 선명하게 잡혀 있고, 양쪽 볼엔 불만이 덕지덕지 붙어 있다. 대부분 일도 잘 풀리지 않는다. 초반에는 재판장을 집어삼킬 듯한 기세로 달려들지만, 후반부로 갈수록 변호사의 빈틈없는 논변 앞에서 초라하게 무너지기 일쑤다. 고장난 라디오처럼 같은 말만 반복하다가 결국에는 억지와 억측에 매달린다. 그래서 늘 지는 역할이다.

시간도, 돈도, 힘도 없는 미국의 검사들

과장된 면이 없지는 않지만 그렇다고 이런 묘사가 현실을 전혀 반영하지 못한다고도 할 수 없다. 실제로 미국 로스쿨 학생들 대다수가 선망하는 직업은 대형 로펌의 변호사다. 전문성을 갖추면서 안정적이고 높은 수익을 보장받을 수 있기 때문이다. 반면 검사의 연봉은 대형 로펌 변호사의 3분의 1 수준에 불과하다. 뉴욕처럼 생활비와 월세가 비싼 곳에서는 허리띠를 졸라매야지만 매달 나오는 카드값을 간신히 감당할 수 있다. 그러면서도 업무량은 업무량대로 많다. 그렇다보니 검사들은 늘 부족한 생활비와 시간에 이중으로 치이며 살아간다. 그렇다면 힘은 어떨까? 아무리 죽는소리를 해도 검사는 검사 아닌가. 아주 위험한 생각이긴 하지만 삶의 질은 조금 떨어지더라도, 검사로서 누릴 수 있는 막강한 권력으로 이를 보상받을 수 있지는 않을까?

물론 미국에서도 검찰은 형법제도상 가장 강력한 집단이다. 어찌됐든 기소권이라는 막강한 재량권을 가지고 있기 때문이다. 특히 자국민을 220만 명이나 교도소에 수감시키고 있고, 국제 마약 조직과의 총격전이 꾸준히 벌어지며, 부패한 거대 은행과 기업, 거물 정치인의 스캔들이 수시로 터져나오는 나라에서 검찰이 힘이 없다는 건 어불성설일 수밖에 없다. 그럼에도 미국 검찰은 종종 욕은 먹을지언정 한국에서처럼 '떡검'이나 '검새'라는 비아냥까지 듣지는 않는다. 이건 단지 한국인들이 아름다울 정도로 다채로운 욕을 구사하는 창의적인 민족이기 때문만은 아닐 것이다. 그보다는 미국 검사가 대한민국 검사만큼의 힘을 발휘하지 못하기 때문이라고 보는 게 맞다. 실제로 미국인들이 체감하는 검찰의 권력은 한국인들이 느끼는 검찰의 권력과 큰 차이를 보인다.

이 차이를 이해하기 위해선 우선 기소권부터 자세히 살펴볼 필요가 있다. 미국 검사들은 그들이 소유한 가장 강력한 창인 기소권을 마음대로 휘두를 수 없다. 검찰의 기소권 남용을 견제하기 위해 만들어진 대배심Grand Jury제도 때문이다. 미국에선 검사도 소송적 절차를 통해 대배심에 기소를 청구해야 한다. 대배심은 형사소송규칙상 16명에서 23명의 시민들로 구성되어야 하는데, 만약 이들 중 과반수(예를 들어 16명일 경우에는 9명, 23명일 경우에는 12명)가 검사가 제출한 증거가 충분하지 않다고 판단하면 기소 청구는 기각된다. 즉, 기소 자체가 성립되지 않는다. 검찰의 역할은 표적을 정하는 것일 뿐이고, 정작 그 표적을 향해 방아쇠를 당길지 말지 결정하는 건 무작위로 선발된 시민들인 셈이다. 다시 말해 기소라는 국가권력의 최종 결정권은 검찰이 아닌 시민들에게 있는 것이다.

물론 그렇다고 검사가 아무 힘도 없는 것은 아니다. 검사가 죄 있는 사람을 못 본 척하는 경우, 다른 그 누구도, 그 어떤 기관도 그 사람을 쉽게 기소할 수 없기 때문이다. 아무리 유죄 증거가 뉴욕 하수구의 쥐떼처럼 득실거리고, 그 증거들 하나하나가 투명한 유리구슬처럼 명백하다 해도 말이다. 이렇듯 검찰의 '모르쇠' 앞에선 변호사도 판사도 무력해진다.

이런 무시 못할 힘 때문인지 나 역시 일을 시작한 지 얼마 안 되어 두 번의 청탁 전화를 받은 적이 있다. 한창 수사가 진행되던 중에 받은 전화였는데, 대충 '좋은 사람들이니 신경 좀 써달라'는 내용이었다. 할말이 없어 허허거리며 웃었더니 상대방도 민망했는지 나중에는 계속 껄껄거리며 웃기만 했다. 호탕한 웃음이 인상적이었던 그 '뉴욕시 의원님'이라는 분이 대체 무슨 생각으로 1년차 검사인 내게 전화한 건지는 아직도 잘 모르겠다. 어쨌든 어색한 웃음이 몇 번 더 오간 후 통화는 끝났다. 그리고 그 수사는 무마되지 않은 채 지금까지도 잘 이어져오고 있다. 별 의미도 감동도 없는 해프닝이었지만, 우리 사회의 뒤편에서 은밀하게 작동하는 권력의 힘을 실감케 해줬다는 점에서는 나름 교훈적인 경험이었다.

이처럼 청탁은 먼 나라의 설화 같은 이야기가 아니다. 모습이 잘 드러나지는 않지만, 분명히 미국 사회의 표피 아래에서 살아 움직이는 실체다. 부정이 존재하는 한 어떤 사회도 청탁을 완전히 척결하기는 힘들 것이다. 하지만 적어도 최소화할 수는 있다. 이를 위해 미국이 마련한 구조적 해결책 중 하나가 바로 검찰의 분권화다.

미국의 정부조직은 입법부, 사법부, 행정부의 '삼권분립'뿐 아니라 같은 조직 내에서도 상호견제가 가능하도록 설계되어 있다.

그래서 중앙집권적 조직구조와 권한을 갖고 있는 한국 검찰과 달리, 미국 검찰은 연방 검찰청US Attorney's Office, 주 검찰청State Attorney General's Office, 그리고 지역 단위마다 있는 지역 검찰청District Attorney's Office으로 힘이 분산되어 있다. 한국 검찰이 대검찰청, 고등검찰청, 지방검찰청 등 수직적인 위계질서하에 움직이는 '검사동일체 원칙'을 기반으로 한다면, 미국 검찰은 위 세 기관이 상하관계로 묶여 있지 않고 독립적으로 수사하는 '검찰 완전 분리주의'로 운영된다. 연방 검찰이 덮어버린 사건을 주 검찰이 들쑤실 수 있고, 주 검찰이 놓쳐버린 사건은 지역 검찰이 수사할 수 있다. 그 유명한 '알 카포네Al Capone 사건'처럼 지역 검사장과 주 검사장이 검은 돈으로 매수되었을 때는 연방 검사가 개입할 수도 있다. 서로가 서로를 감시하기 때문에 한곳에 힘이 몰릴 일이 적고, 당연히 돈이나 외압이 한곳으로 쏠릴 가능성도 낮다. 즉 힘을 분산시킴으로써 권력에 '원 플러스 원'처럼 따라붙는 부정부패를 줄이고자 하는 시스템인 것이다.

검사가 무소불위의 권력을 휘두르지 못한다는 건 아주 긍정적이다. 권력 남용과 부정부패를 최소화해 법이 제대로 기능하고 사회가 올바로 돌아가게끔 만들어주기 때문이다. 하지만 이쯤 되면 이런 의문이 든다. 대체 돈도 못 벌고, 시간도 없는 데다가, 힘까지 그다지 없는 검사를 누가 하고 싶겠냐는 것이다. 그것도 3년이라는 시간 동안 비싼 로스쿨 학비를 내며 몸은 몸대로 고생하고, 검사가 되기 위해 수개월 동안 피 말리게 이어지는 면접까지 봐가면서 말이다. 이건 이제 막 검사 생활이라는 울퉁불퉁한 자갈길에 들어선 나조차도 쉽게 대답할 수 없는 문제다. 사실 현실적인 요소들을 하나하나 따져볼수록 검사라는 직업을 희망할 만한 이유는 별로 없는 것 같다.

나 역시 로스쿨에 들어갈 때부터 검사가 되기를 희망한 건 아니었다. 뒤에서 자세히 이야기하겠지만 사실 나는 별생각 없이 로스쿨에 갔다. 로스쿨 입학시험 성적이 생각보다 잘 나온 덕도 있지만, 늘 '문과라서 죄송'했던 나에게 딱히 다른 길이 없었다는 이유가 더 컸다. 그러니 뚜렷한 소명의식이나 정해진 코스가 있을 리 만무했다.

사실 이렇게 별 목적도, 계획도 없을 때는 남들이 가는 대로 따라가는 게 가장 안전하다. 맛집을 조사하지 않고 찾은 낯선 여행지에서 손님이 바글거리는 식당에 들어갈수록 실패 확률이 낮은 것이나 혼잡한 기차역에서 사람들이 우르르 몰리는 쪽으로 가야 출구를 찾을 확률이 높은 것과 마찬가지다. 나 역시 로스쿨에서는 안전하게 대세를 따랐다. 1학년 여름방학에 동기들을 따라 대형 로펌에서 인턴 생활을 한 것이다.

짧게 경험한 로펌 생활은 굉장히 매력적이었다. 업무의 페이스가 빠르다보니 몸과 마음이 느슨해질 염려도 없었고, 주요 일간지의 경제면이나 사회면에 대서특필되는 굵직굵직한 사건들을 접할 때면 스스로 뭐라도 된 듯 우쭐한 기분에 젖기도 했다. 인턴 신분이었던지라 정규 변호사들처럼 중압감을 느낄 일도 거의 없었다. 일주일에 적어도 한두 번은 퇴근 후 인턴들끼리 맥주잔을 부딪치며 장밋빛 미래를 떠들어댈 정도로, 실제 변호사들과는 비교가 안 될 만큼 업무량이 적었다. 그래서 그 당시에는 늘 얼굴이 장미 물오르듯 생기 넘쳤고, 마인드도 한없이 진취적이었다.

하지만 아무리 멋져 보여도 나와는 맞지 않는 게 있는 법이다. 이를테면 축구선수 데이비드 베컴의 '닭벼슬 머리' 같은 것이다. 그 시절 수많은 남자아이들이 그랬듯 나도 2002년 월드컵에서 베컴이 유행시킨 논란의 헤어스타일을 시도해봤다가, 한동안 '우주소년 아톰'이라고 놀림받았던 아픈 기억이 있다. 나에게는 로펌도 딱 그렇게 느껴졌다. 닭벼슬 머리와 마찬가지로 남이 했을 때는 좋아 보였지만 왠지 나와는 맞지 않는 듯했다. 하라면 할 수는 있을 것 같았지만, 평생을 행복하게 할 자신은 없었다. 그런데 그렇게 느낀 사람은 나뿐만이 아니었나보다. 여름 인턴을 끝마치고 본 두 개의 대형 로펌 면접이 아직도 기억에 남는데, 어느 로펌의 파트너 변호사는 약 20분간의 면접을 마무리하면서 내게 이상주의적인 면이 있어 보인다고 했다. 그러면서 만약 본인의 가치관에 반하는 업무를 맡아야 하는 상황이 오면 견뎌낼 수 있겠냐고 물었다. 또 다른 로펌의 면접관 역시 비슷한 뉘앙스의 말을 하며, 만약 자기네 로펌에 입사한다면 10년 후에도 그 자리를 지키고 있을 것 같냐는 질문을 했다.

사실 거기서 내가 해야 할 답변이란 정해져 있는 것이나 다름없었다. 면접에서 신입이 어필할 수 있는 가장 큰 무기는 열정과 적극성이다. 회사를 위해서는 뭐든 다 해낼 준비가 되어 있다는 태도만 보여도 반은 먹고 들어가는 셈이다. 나는 그때 적어도 '제 개인의 가치관과 회사 업무는 별개이며, 저는 이 둘을 구분할 자신이 있습니다'나 '10년 후 이 회사에서 파트너 변호사로 일하고 있을 제 모습을 상상하면 벌써부터 설렙니다'와 같은 적극성과 열정은 보였어야 했다. 그것이 아무리 작위적이라 하더라도 말이다. 게다가 그리 어려운 일도 아니었다. 실제로 나는 군 시절에 그보다 더한 거짓말도 뻔뻔하게 잘만 했었다. 사단장의 특별지침이었던 '충성! 사랑합니다!'라는 구호를 몇몇 선임들과 간부들에게 무려 1년이 넘는 시간 동안 수천 번도 넘게 외쳤던 나다. 그에 비하면 이 정도 가식은 아주 깜찍한 수준이었다.

그런데 뭔가에 씌기라도 한 것인지 나는 각각의 질문에 터무니없는 답을 하고야 말았다. 첫 번째 질문에는 '제 가치관에 반하는 일을 하면서는 편치 않을 것 같습니다'라고 대답했고, 두 번째 질문에는 '그때쯤이면 저는 어릴 적부터 선망했던 교수가 되었거나 다른 일을 하고 있을 것 같습니다'라고 대답했다. 다시 생각해도 경악스러울 만큼 순도 100퍼센트 마음의 소리였다. 내가 솔직함을 그리 귀하게 여기는 사람인지 그때 처음 알았다.

뭐, 당연한 결과지만, 나는 두 군데 다 떨어졌다. 솔직한 답변에 감명받은 면접관들이 나를 합격시켜주는 영화 같은 일은 일어나지 않았다. 하지만 이상하게 그리 슬프지는 않았다. 오히려 홀가분했다. 이 일로 인해 늦게나마 정말 가고 싶은 길이 무엇인지 찾아볼 명분이 생긴 느낌이었다. 그리고 그 길을 찾아가는 과정에서 노동법과 인권법, 그리고 형사법에 큰 매력을 느끼게 되었다. 이후 관련 수업들을 집중적으로 들었고, 그와 관계된 일을 더 집중적으로 하고 싶어 '사회정의부' 소속 검사가 되었다.

당신의 이야기를 들려주셔서 감사합니다

검사 일을 시작하고 나서 나의 일상엔 많은 변화가 생겼다. 일단 점심을 건너뛰는 날이 부쩍 많아졌다. 시간도 아깝고 식비는 더 아깝기 때문이다. 맛집을 찾아다니는 게 삶의 큰 낙이었지만, 이제는 저녁값이 부담스러워 외식을 자제한다. 덕분에 요리하는 횟수가 부쩍 늘었다. 유난히 긴 재판이나 피해자 면담이 있는 날에는 퇴근하고 거울을 보며 깜짝깜짝 놀랄 때도 많다. 뺨이 깎여나간 얼굴선과 퀭한 두 눈에서 예전에는 볼 수 없었던 고단함 같은 것이 유난히 도드라지는 탓이다. 그러한 변화가 한창 눈에 잘 들어왔던 시절에는 거울 앞에서 나 자신에게 종종 묻곤 했다.

'무엇을 위해 이 일을 하나?'

'이 일이 적성에 맞는다고 할 수 있을까?'

'검사 생활한 지 1년도 안 된 마당에 벌써부터 이런 고민을 하는 나는 과연 검사의 자격이 있는 걸까?'

이렇듯 답이 안 나오는 질문들을 던지던 시절, 그러니까 검사 일을 시작한 지 얼마 안 되었을 무렵, 드라마 〈비밀의 숲〉에서 가슴에 콕 박히는 대사를 들은 적이 있다. 검사들이 주인공으로 나오는 드라마였는데, 작중에 검찰총장은 후배 평검사의 어깨를 툭툭 치고는 이렇게 말한다.

"흔히들 검사나 의사나 같은 '사' 자를 쓰는 줄 아는데 의사는 '스승 사師' 자를 쓰고 변호사는 '선비 사士' 자를 쓰는데 유독 검사만 '일 사事' 자를 쓴단 말이야. 그래서 검사는 사람이 아닌가 했는데 깃발을 높이 든 모양이라고 하더군, 원래 일 사 자가. 우린 그래야 돼. 방향을 제시해주는 사람. 선봉에서 기준이 되어주는 사람. 그게 우리의 본모습이라는 걸 국민들에게 보여줘."

이 장면을 보며 저렇게 피가 끓도록 만들어주는 말을 해주는 상사가 내게도 있었으면 좋겠다는 생각을 잠시나마 했다. 물론 일을 시작한 지 1년이 다 되어가는 지금, 언제부터인지 그 생각을 더이상 하지 않게 되었다. 검찰이 저런 막중한 책임을 맡을 능력이 되는지도 잘 모르겠을뿐더러, 애초에 검사가 선봉에서 방향을 제시해주고 기준이 되어주는 사회가 바람직한지도 잘 모르겠기 때문이다. 그보다 이제는 너무 잘 안다. 행복은 목적지가 아니라 여정에서 발견된다는 것을. 그리고 검사가 하루하루를 버텨낼 수 있는 동력 역시 거창한 이념이나 목표가 아니라 평범한 일과 속에서 찾을 수 있는 작은 만족감에서 온다는 사실을.

뉴욕주 검사의 업무 중엔 인테이크Intake라는 것이 있다. 매주 순번처럼 찾아오는 업무인데, 일종의 사정事情 청취라고 할 수 있다. 시민들의 신고 전화가 걸려오면 그들의 사연을 들어주고, 그들이 겪고 있는 문제에 법적 해결책이 있는지, 만약 있다면 검찰이 수사를 시작할 만큼의 규모와 중요도를 갖추었는지 꼼꼼하게 평가하고 분류하는 업무다. 이때 접수된 사건은 검찰 매뉴얼에 명시된 까다로운 조건들을 충족할 때에만 수사로 이어지는데, 단순 하소연인 경우가 많다보니 수사까지 가지 않는 경우가 대부분이다. 자연스레 인테이크는 업무 우선순위에서 밀려날 수밖에 없다.

그런데 이상하게도 나는 인테이크 업무에서 가장 큰 만족감을 얻곤 했다. 그동안 수십 통의 신고 전화를 받으면서 정말 다양한 사연들을 접할 수 있었다. 그중에는 자신을 떨어뜨린 회사 면접관이 큐 클럭스 클랜Ku Klux Klan, KKK(미국의 비합법적 백인우월주의 비밀결사단체)의 회원인 것 같다는 황당한 사연도 있었고, 자신이 20년간 경비원으로 일해온 교회에서 이제는 무료봉사를 하고 싶은데 혹시 노동법에 저촉되는지 물어온 할아버지의 훈훈한 사연도 있었다. 내가 큰 도움을 줄 수 있었던 사건도 있었고, 아무런 도움을 줄 수 없어 어색한 침묵만 흐르던 사건도 있었다.

뉴욕은 다양한 사람들이 만들어내는 각양각색의 이야기들로 늘 웅성거리는 도시다. 이곳엔 과욕을 부리다 양심을 잃어버린 사업가도, 대박을 좇다가 추락해버린 젊은 부부도, 더 나은 삶을 찾다가 오히려 더 불행한 삶을 살게 된 이주 노동자들도 있다. 욕망과 몸부림 들이 한데 뒤엉켜 있기 때문에 개개인의 사연들은 그 거대한 웅성거림 속에 묻혀버려 명료하게 들리지 않을 때가 많다. 그래서 그 목소리들이 전해야 할 중요하고도 소중한 이야기들이 마치 필터 몇 장은 걸친 것처럼 가려지곤 한다.

그런데 검사실에 앉아 있으면 우리 사회가, 그리고 그 안에 살고 있는 우리 모두가 너무 바삐 앞만 보고 달려가느라 놓치고 지나쳐버리는, 일상 곳곳에 존재하지만 가려진 이 이야기들을 매일 마주하게 된다. 무심결에 흘려버릴 수도 있는 사람들과 그들이 처한 사정에 대해 알게 되는 것, 그리고 법이 마련한 틀 안에서 조금이나마 도움을 주는 것, 그를 통해 우리가 살고 있는 요지경과도 같은 이 세상에 대해 조금 더 깊이 배울 수 있는 기회를 얻는 것. 어쩌면 이러한 것들이 터무니없는 월세를 내고 나면 아무것도 안 남는 월급을 받으면서도 내가 뉴욕에 아직 남아 있는 이유일지도 모르겠다. 그리고 늘 부족한 생활비에 허덕이고 과도한 업무량에 허우적거리면서도 내가 검사실에 계속 남고 싶은 이유일 것이다.

어떤 사연이었든 간에, 혹은 어떤 사건이었든 간에, 모든 일이 마무리되어갈 때마다 빠지지 않고 제보자들이나 피해자들에게 들었던 한마디가 있다. 늘 일정하게 강력한 탄력으로 내 마음에 박혔고, 아무리 들어도 질리지 않을 정도로 인간적이었던 그 한마디는 바로 이것이다.

"Thank you for listening(제 이야기를 들어주셔서 감사합니다)."

그저 이야기를 들어주는 것만으로 감사의 인사를 들을 수 있는 직업은 이 세상에 그리 많지 않을지도 모른다. 이것만으로도 분에 넘치게 감사한 일이다. 그러니 돈과 시간과 권세가 좀 부족하면 어떤가. 정말로 돈도 시간도 힘도 없는 사람들에게 조금이라도 도움을 줄 수 있다면. 앞에서 방향을 제시해주지도, 선봉에서 기준이 되어주지도 못하면 좀 어떤가. 뒤에서 방향을 잃고 뒤처지는 사람들의 든든한 버팀목이 되어줄 수만 있다면 말이다.

이 자리를 빌려 지난 1년 동안 나를 스쳐간 모두에게 비록 단 한 번도 직접 전하지는 못했지만, 언제나 마음속 깊이 품고 있었던 말을 꼭 전하고 싶다.

"Thank you for sharing."

"제게 당신의 이야기를 들려주셔서 감사합니다."

2장

불완전한 정의, 완전한 불의

검사실에서 마주한
법전 너머의 현실 세상

혐오중독 사회의 민낯

누군가를 뜨겁게 미워하는 편은 아니지만, 검사실에 있다보면 종종 속을 거북하게 만드는 사람들을 마주하곤 한다. 리처드 씨도 그중 한 명이었다. 일단 리처드 씨는 뼛속까지 인종차별주의자였다. 사건 파일에 의하면 그는 자신의 식당에서 일하는 이주노동자들에게 인종차별적 폭언과 욕설을 서슴지 않았는데, 그 수위가 래퍼 에미넴Eminem의 전성기 못지않았다.

설상가상, 그는 인종차별주의자일 뿐만 아니라 성차별주의자이기도 했다. 말끝마다 '어디, 여자가'를 덧붙였다. 손님들이 서비스에 대해 불평하면 '여자인 네가 잘 웃거나 상냥하게 대하지 않아서 그렇다'라고 타박했고, 손님이 유난히 없는 날이면 '네가 뚱

뚱하고 못생겨서 그렇다'라는 외모 비하까지 해댔다. 직원들이 임금 문제로 따지기라도 할 때엔 '여자 주제에 기가 세다'며 역정을 냈다. 그러면서 시도 때도 없이 성추행을 저질렀다. 임금 봉투를 건네면서 손바닥을 더듬거나, 장부를 검토하는 직원 뒤에 바짝 붙어서 은근슬쩍 몸을 밀착시키는 식으로, 그 수법이란 게 하나같이 심하게 '찌질'했다.

리처드 씨의 악행은 여성과 외국인 노동자들을 미워하는 데서 그치지 않았다. 그는 이들을 철저히 자신의 이익을 위해 이용했다. 놀랍게도 리처드 씨는 그토록 증오하는 외국인 여성들만 집중적으로 고용했다. 요리사 훌리오 씨를 제외하고는 그의 식당 직원 모두가 불법체류 여성들이었다. 이들을 채용한 이유는 간단하다. 불법체류자 신분을 악용하려 한 것이다. 불법체류자들은 강제 출국 조치에 대한 두려움 때문에 신분 노출을 극도로 꺼린다. 그래서 임금체불, 성추행, 사기, 강제 노동, 인신매매 등의 범죄 피해를 입어도 수사기관에 쉽사리 신고하지 못한다. 여성의 경우 자녀까지 함께 체류 중인 경우가 많아서 더욱더 몸을 사리곤 한다. 리처드 씨는 이런 외국인 여성들의 약점을 잘 파악하고 있었고, 이를 악용해 수년간 약 20명의 직원들로부터 수십만 달러의 임금을 가로챘다.

그랬던 그는 수사 대상에 오르자 반성하기는커녕 직원들에게 배신당했다며 크게 분노했다. '가족처럼 대해줬더니 은혜도 모르고 뒤통수를 쳤다'는 것이다. 하지만 그를 신고한 건 직원들이 아니었다. 신고자는 리처드 씨가 직원들에게 인종차별적, 성차별적 언행을 남발하는 모습을 보고 경악한 어느 단골손님이었다. 그럼에도 불구하고 리처드 씨는 막무가내였다. 끝까지 자신은 불법체류자인 직원들을 도와주다 배신당한 것이라며 악을 썼다. 그러다 결국 분을 이기지 못하고 이민 당국에 직원들을 고발하기에 이르렀다.

하지만 리처드 씨의 물귀신 작전은 성공하지 못했다. 그는 알지 못했겠지만, 미국에는 인신매매와 일반 범죄의 피해자를 보호함으로써 피해자들에 대한 인도주의적 의무를 다하고, 이들의 협조를 통해 관련 범죄자들을 기소하고 처벌함으로써 반윤리적 범죄를 퇴치하자는 취지의 이민법이 있기 때문이다. 2000년 연방 의회를 통과한 이 법은 '인신매매 피해자 보호법Trafficking Victims Protection Act'이라는 이름을 가지고 있는데, 인신매매 피해자에게는 T비자, 일반 범죄 피해자에게는 U비자를 발급해줘 범죄 피해자들이 합법적으로 미국에 머물 수 있도록 하고 있다. 이번 사건과 같이 범죄 피해자가 불법체류자일 때는 수사기관에서 통상적으로 피해자들의 U비자와 T비자 서류까지 같이 신청해준다. U비자와 T비자의 경우, 배우자 또는 21세 미만의 자녀도 피해자의 신청서에 포함시킬 수 있다. 이번 사건의 피해자들 역시 이 법의 보호 아래 가족과 함께 미국에서 4년 동안 더 체류할 수 있게 되었다.

하지만 이런 사건은 아무리 수사가 성공적으로 끝나도 씁쓸한 뒷맛을 남긴다. 그 과정에서 인간의 아집과 편협함을 직면하게 되기 때문이다. 리처드 씨는 직원들의 약점을 잡아 수년간 그들을 노예처럼 부려먹은 것도 모자라, 그들을 강제 추방시켜달라고 이민 당국에 고발까지 했다. 아마 그는 여전히 자신이 부당한 수사의 희생양이라고 굳게 믿고 있을 것이다. 이러한 '혐오주의자'들이 우리 사회 곳곳에 존재한다는 생각을 하면, 가슴이 답답해지는 것과 동시에 한줄기 냉기가 머리부터 발끝까지 쭉 뻗쳐 내려가는 느낌이 든다.

'좀비 바이러스'처럼 퍼지는 증오범죄

리처드 씨가 극히 예외적인 경우라고 말하고 싶지만, 사실 최근 미국 사회는 혐오주의자들로 들끓고 있다. 문제는 그들의 혐오가 사회를 분열시키는 수준에서 그치지 않는다는 점이다. 실제로 심각한 범죄로까지 이어지는 경우가 허다하다. 2018년 10월, 펜실베이니아주 피츠버그에 위치한 한 유대교 회당synagogue에서는 무려 열한 명의 사람들이 숨지는 사건이 발생했다. 평소 유대인들이 존재하는 한 미국이 위대해지는 일은 없을 거라 굳게 믿던 한 백인 남성이 회당에 침입해 총기를 난사했기 때문이다. 그가 아침 예배에 참여하러 모인 사람들을 향해 총을 쏘면서 외친 말은 '모든 유대인은 죽어야 한다'였다. 2019년에는 캘리포니아주 샌디에이고 인근의 한 유대교 회당에서도 이와 비슷한 총격 사건이 벌어졌다. 이번에는 한 명이 숨지고 세 명이 큰 부상을 입었다. 역시나 백인들을 각성시키고 나라의 주도권을 유대인들에게서 되찾겠다는 의지가 주요 범행 동기였다.

혐오로 인한 범죄의 피해를 입는 것은 유대인들뿐만이 아니다. 과거에도, 그리고 아직까지도 미국 내에서 가장 많은 차별과 폭력을 당하고 있는 흑인은 말할 것도 없고, 무슬림과 히스패닉, 그리고 동양인에 대한 범죄 역시 지속적으로 증가하는 추세다. 2017년에는 오리건주 포틀랜드의 한 열차에서 무슬림 여성 승객들을 괴롭히는 백인 남성을 제지하려던 승객 두 명이 남성이 휘두른 칼에 맞아 사망하는 사건이 발생했다. 그런가 하면 2018년 텍사스주 댈러스에서는 트랜스젠더 여성들이 잇따라 총에 맞아 숨지는 일도 있었다.

이렇듯 인종, 성별, 민족, 국적, 종교 및 성 정체성 등에 대한 적대감 때문에 발생하는 증오범죄Hate crime가 최근 미국 내에서 급격히 증가하고 있다. 우선 사회적으로 금기시돼오던 인종차별,

성차별 발언들이 길거리에서 심심치 않게 들리고 있다. 또한 청소년들이 대형 마트에서 종교적 이유로 돼지고기 섭취를 금기시하는 무슬림들에게 베이컨을 던지며 조롱했다거나, 길에서 멕시코 출신 노숙자를 목격한 행인들이 그를 쇠파이프로 구타했다는 소식이 연일 언론에 터져나오고 있다. 갑자기 증오범죄가 '좀비 바이러스'처럼 미국 전역을 휩쓸고 있는 것이다.

물론 진짜 좀비 바이러스도 아니고, 미국인들의 본성이 최근 몇 년 사이에 갑자기 더 악랄하게 변했을 리는 없다. 이러한 편견과 분노가 이미 미국 사회 곳곳에 도사리고 있었고, 다만 여태까지는 보편화된 사회적 틀 안에서 감시받으며 억압되어 있다가 '무언가'에 의해 표출되고 있다고 보는 편이 맞을 것이다. 그 '무언가'가 무엇인지에 대해선 여러 견해와 해석이 존재하겠지만, 최근 들어 많은 학자들이 그 '무언가'로 '사회적 분위기'를 꼽고 있다. 미국이 지난 몇 년 사이 급격하게 증오범죄에 휩싸인 이유는 그만큼 타인에 대한 무지, 편견, 공포를 용인하고, 심지어 부추기는 사회로 변모했기 때문이라는 주장이다.

실제로 지난 2016년 대선 레이스에서 미국인들은 미국 선거 역사상 유례없는 '막말 대잔치'를 목격했다. 당시 대선 후보였던 트럼프는 공개 석상에서 멕시코 출신 이민자들과 무슬림들을 잠재적 범죄자와 테러리스트로 몰아갔고, 여성에 대한 모욕적인 발언들도 서슴지 않았다. 'MAGA^Make America Great Again'라는 슬로건을 내걸고 정말 '막가'버리는 발언들을 쏟아낸 것이다. 그 결과는 처참했다. 트럼프가 아닌 미국에.

트럼프는 원하던 대로 대통령에 당선되었다. 하지만 그 과정에서 미국 사회는 전에 없이 과열되었고, 또 분열되었다. 그간 잠들어 있던 미국 사회 내의 갈등과 분노가 트럼프의 선동적인 레토릭에 격렬하게 반응하며 마치 두드러기처럼 표면 위로 일어나기 시작한 것이다. 《워싱턴포스트》에 따르면 트럼프가 유세를 벌였던 곳과 벌이지 않았던 곳의 증오범죄 발생추이를 비교 분석한 결과, 전자의 경우 증오범죄가 무려 226퍼센트나 증가했다고 한다.[1] 미 연방 수사국FBI 역시 대선이 치러진 2016년에 전국적으로 증오범죄가 17퍼센트 상승했다고 발표했다. 이와 같은 현상의 원인에 대해 뉴욕대 역사학 교수 스티븐 한Steven Hahn은 '트럼프의 대통령 당선 이후 백인 우월주의자들이 그 어느 때보다도 유리한 위치에 있기 때문'이라고 설명했다.[2] 그리핀 에드워즈Griffin Edwards 교수와 스티븐 러신Stephen Rushin 교수 역시 트럼트 대통령의 당선과 미국의 증오범죄율 증가 사이의 상관관계를 실증적으로 입증해냈다고 주장하고 있다.[3]

이와 같은 상황에서 트럼프 대통령 한 명만 콕 집어 비난하는 건 쉽고 편리하다. 실제로 미국의 몇몇 민주당 의원들과 진보 인사들은 다소 과격한 표현을 써가면서까지 이 모든 현상에 대한 원인이 트럼프 대통령에게 있다고 공격했다. 더 나아가 그의 지지층 역시 대화가 안 통하는 몰지각하고 편협한 사람들로 매도했다. 하지만 속은 좀 후련해졌을지 몰라도 결론적으로 나아진 건 아무것도 없었다. 오히려 트럼프는 '가짜 뉴스'를 들먹이며 자신을 향한 비판을 가볍게 무시했고, 그의 지지자들 역시 세상의 비난 앞에 더욱더 똘똘 뭉쳤으며, 결국 진영 간의 갈등만 더욱 심화되었을 뿐이다. 정작 중요한 증오범죄율은 조금도 떨어지지 않았다. 증오가 또 다른 증오를 낳았을 뿐, 문제 자체가 가지고 있는 본질적이고도 다층적인 원인에는 다가가지 못한 것이다.

편견에 대한 '참견', 그리고 '발견'

증오범죄를 궁극적으로 줄일 수 있는 방법은 혐오를 키우고 확산시키는 구조를 고치는 것이다. 그리고 혐오는 대개 무지와 편견의 소산인 경우가 많다. 흑인들은 지능적으로 열등한 인종이라거나, 미국으로 건너오는 멕시코인들은 모두 위험한 전과자들일 거라는 무지와 편견이 그들에 대한 무분별한 차별과 혐오로 이어졌듯이, 결국 혐오의 씨앗이 되는 타인에 대한 편견을 줄여나가야 증오범죄 또한 줄어들 수 있다는 이야기다. 물론 이는 말처럼 그리 쉬운 일이 아니다.

미국 사회심리학자 메릴린 브루어Marilynn Brewer 교수와 새뮤얼 게르트너Samuel Gaertner 교수는 '사람들은 은연중에 내집단과 외집단 사이의 구분을 지으며, 결국 편견이란 특정한 집단 간 관계 체제 안에서 자신이 속한 집단의 위상에 대한 상황 특수적인 반응'이라고 주장했다.[4] 고든 올포트Gordon Allport 교수도 저서 『편견의 본질The Nature of Prejudice』에서 '편견은 인간 정신의 보편적이고 자연스러운 두 가지 요소들, 즉 그릇된 일반화와 적대감에서 나온다'고 밝혔다.[5] '인지적 관점', '사회 정체성 관점' 같은 어려운 전문용어들이 나오지만, 쉽게 말해 인간은 사회적 동물이기 때문에 사회의 고정관념과 편견으로부터 자유롭기 어렵다는 이야기다. 그러고 보면 아인슈타인 역시 '한 개인의 상식이란 결국 그 사람이 18세까지 습득한 편견의 집합'이라고 말한 바 있다.

이렇듯 많은 전문가들이 편견을 인간이 갖는 즉각적이고 자연적인 반응의 결과물로 보고 있고, 그런 만큼 완전히 뿌리 뽑기란 결코 쉬운 일이 아니라고 주장하고 있다. 다국적, 다인종, 다문화 국가로 수십 년 동안 차별과 맞서 싸우고, '정치적 올바름Political Correctness 운동'(1968년부터 시작되어 1980년대에 이르러 전국적으로 확산된 인종, 성별, 성 정체성, 장애, 종교, 직업, 나이 등을 이유로 언어와 행동에 차별을 가하지 말자는 사회적 움직임)이 국가 전체에 자리잡을 수 있도록 지속적인 노력을 기울여온 미국이 편견으로 인한 문제를 완전히 척결하지 못한 이유도 여기에 있다. 하지만 자연적인 반응이라고 해서 자연스럽게 방치해두어야 하는 것은 아니고, 이상한 것이 아니라고 해서 이상적인 것도 아니다. 질병이나 죽음과 같은 자연적인 현상을 의학과 기술의 발전으로 조금씩 극복해온 것처럼, 편견 역시 의식적인 노력과 자각을 통해 차츰 억제하고 극복할 수 있다.

편견은 억제하고, 다양성은 존중하는 사회적 통합의 틀을 마련하기 위해 우리가 모색해야 할 길은 무엇일까? 우선 '편견'에 대항할 한 가지 무기로 '참견'을 꼽을 수 있다. 여기서 '참견'이란 국가가 나서서 특정 인종, 성별, 종교, 성적 취향만이 정상이고 우월하다는 부끄러운 무지와 편견을 깨부수고, 사회 구성원들이 딱딱한 사고 안에 갇히지 않도록 적극적으로 개입하는 것을 뜻한다.

법은 참견의 대표적인 모습 중 하나다. 그 예로 많은 국가들이 직접적으로 신체적 위해를 가하는 증오범죄행위뿐 아니라 편견에 의해 표출되는 혐오표현까지도 범죄화하고 있다. 영국, 프랑스, 독일 등 유럽권 국가들은 혐오표현에 대한 형사처벌 법규를 가지고 있는 대표적인 국가들이다. 독일은 혐오표현을 담은 게시물, 영상 등을 신속히 삭제하지 않으면 사회관계망서비스[SNS]업체에 최대 5000만 유로(약 650억 원)의 벌금을 부과하는 강력한 법규를 가지고 있고,[6] 영국과 프랑스 역시 증오를 선동하는 말과 행위를 처벌하고 있다. 한때 '미국에 메릴린 먼로가 있다면 프랑스에는 브리지트 바르도가 있다'라는 말이 있었을 정도로 유럽 최고의 인기 스타였던 브리지트 바르도가 여러 차례 프랑스 법원에서 벌금형을 선고받은 건, 바로 이 혐오표현 법규를 위반했기 때문이다.[7] 그런가 하면 유럽인권재판소European Court of Human Rights 역시 최근 한 세미나 발표회에서 '무함마드(이슬람교의 창시자)는 소아성애자'라고 주장한 반무슬림 운동가 엘리자베트 자바디치-볼프Elisabeth Sabaditsch-Wolff에게 '객관적인 토론의 범위를 벗어나'고, '편견을 조장하며', '특정 종교적 신념을 가진 사람들의 권리를 침해'한다는 이유로 유죄 선고를 내렸다.[8]

유럽권 국가들이 국가형벌권이라는 무시무시한 도구로 편견에 강경하게 대응하고 있다면, 미국은 형사처벌이 아닌 민사적 구제를 통해 편견에 대처하고 있다. 단지 형사법으로 처벌하지만 않을 뿐, 혐오표현을 '차별행위'로 묶어두어 고용평등위원회와 같은 차별시정기구를 통해 회사나 학교 내에서 자율적인 차별금지정책을 수립하게끔 유도하고 있는 것이다. 그 결과 수많은 대학들과 기업들이 '인종의 다양성', '친동성애', '장애 차별금지' 정책들을 도입하고 있고, 교내 혹은 사내 규정을 통해 혐오표현이나 차별행위를 자체적으로 처벌하고 있다. 게다가 표현이 실제적인 폭력으로 이어져 증오범죄가 되는 경우, 미국은 그 어떤 나라보다도 강경하게 주동자를 처벌한다.[9] 형사법이냐 민사법이냐라는 접근방식만 다를 뿐, 유럽과 미국 모두 적극적으로 국민들의 편견에 참견하며 이를 용인하지 않겠다는 입장을 분명하게 취하고 있다고 할 수 있다.

그러나 법은 여러모로 한계가 있는 도구다. 피해가 발생한 이후에나 가해자를 처벌하고 피해자를 구호할 수 있다는 사후구제 성격은, 법이 지닌 한계를 명확히 드러낸다. 강력한 처벌이 범죄 예방 효과가 있다고는 하지만, 실제로 그 효과가 얼마나 있는지도 아직 논쟁의 대상이다. 가해자에 대한 처벌만으로는 피해자의 상처가 제대로 아물지 않는 경우도 많다. 법이 사회에 대한 불신이나 범죄로 인해 입은 마음의 상처까지 치유해줄 수는 없는 것이다.

여러모로 부족한 점이 많지만 희망적인 부분도 있다. 한 예로 뉴욕은 인권보호법, 노동법, 그리고 차별금지법이 미국의 다른 어떤 주보다도 포괄적이고 광범위하다. 법 집행도 상당히 체계적으로 이루어지는 편이다. 뉴요커들은 그런 점에서 대단한 자부심을 가지고 있다. 법이 사회의 전반적인 의식 수준과 성숙도를 대변해준다고 보기 때문에, 이 정도로 발전된 법규들을 가진 우리 사회는 그만큼 진보하고 발전된 사회라는 것이다. 이런 면에서 법은 단순한 제도가 아니라 사회의 거울이자 목소리라고도 할 수 있다.

그 사회의 가치관이나 방향을 가장 잘 나타내는 도구인 것이다.

이민자나 여성, 장애인이나 저임금 노동자와 같은 사회의 약한 고리들을 차별과 혐오로부터 확실하게 보호하는 법규가 마련되어 있다는 것은, 그 사회가 용인하지 않는 행위에 대한 선전포고이기도 하다. 그래서 뉴욕 검찰은 언론을 통한 대중과의 소통을 상당히 중요시한다. 언론을 통해 혐의나 구형량, 피해 금액을 알릴 때 '뉴욕 사회는 이러한 식의 인종차별, 성차별을 용납하지 않는다'와 같은 이야기를 꼭 덧붙이는 식으로 말이다.

하지만 부모가 아무리 간섭하고 잔소리해도 아이가 쉽사리 변하지 않는 것처럼, 또 법적 처벌을 받은 리처드 씨가 끝끝내 자신의 아집과 혐오를 거두지 않았던 것처럼, 국가가 법과 사회적 기제들을 통해 참견하는 것만으로 편견을 완전히 억제하기는 어려울 것이다. 무분별한 편견과 혐오가 우리 사회를 병들게 하지 않도록 막으려면, 개개인의 노력 또한 반드시 필요하다. 그렇기에 우리 사회의 존엄과 합리성을 지킬 의무가 있는 우리 모두는 '참견'하면서도 끊임없이 '발견'해내야 한다.

내 안에 나도 모르게 자리잡은 타인에 대한 온갖 편견과 고정관념 들을. 그러한 편견들을 뒷받침하고 있는 조악한 논리와 피상적인 근거 들을. 그리고 편견과 고정관념이란 필터를 걷어내야만 볼 수 있는 타인의 진정한 모습을.

5000달러짜리 아메리칸드림의 유혹

뉴욕 하면 머릿속에 떠오르는 건 대부분 엠파이어스테이트 빌딩, 록펠러센터, 크라이슬러 빌딩, 5번가, 소호, 할렘 또는 월스트리트 정도일 것이다. 하지만 대다수 사람들이 잘 안다고 생각하는 뉴욕, 즉 방금 나열한 마천루와 관광명소 들이 몰려 있는 뉴욕은 맨해튼이라는 작은 자치구 하나에 불과하다. 물론 요즘에는 윌리엄스버그Williamsburg, 덤보DUMBO, 그리고 브루클린 다리의 인기에 힘입어 브루클린에 대한 인지도 역시 상당히 올라간 편이지만, 여전히 많은 사람들이 맨해튼을 제외한 뉴욕시의 다른 자치구들에 대해서는 잘 알지 못한다.

이스트 코스트East Coast 힙합 씬의 전설적인 래퍼 나스Nas는

2012년에 발표한 〈A Queens Story〉란 곡에서 이러한 세상 사람들의 무지를 꾸짖듯이 '디스'한다. 마치 '너희가 진짜 뉴욕을 아느냐'라고 묻는 듯한 이 곡에서 나스는 맨해튼으로 대표되는 뉴욕의 화려함이 아닌, 그가 성장한 퀸스Queens로 대표되는 뉴욕의 거칠고 삭막한 면들을 집중적으로 조명하며 이렇게 따진다.

브루클린이 다 가져가고
Brooklyn keep on taking it

맨해튼이 다 해먹으니
Manhattan keep on making it

결국 퀸스만 소외되는 거 아니냐고
Trying to leave Queens out

그리고 이렇게 소외된 거리 위에서 어떻게든 살아남기 위해 발버둥치다, 결국에는 가난과 폭력에 의해 죽어간 친구들을 기리며 그들을 위해 높이 잔을 들자고 외친다.

Drinks in the air!

나스에게 욕먹을 정도의 잘못인지는 모르겠지만, 어쨌든 퀸스는 모르고 그냥 지나치기엔 아쉬울 정도로 상당히 독특하고 재미난 분위기를 내는 곳이다. 일단 퀸스는 매우 크다. 뉴욕시 면적의 40퍼센트를 차지할 정도다. 자치구들 중 가장 큰 땅덩어리를 자랑하는 만큼 다양한 문화가 살아 숨쉰다. JFK국제공항과 라과디아공항이 모두 퀸스에 위치해 있는데, 이러한 지리적 특성도 영향을 미쳤을 것이다. 두 공항의 존재로 퀸스는 뉴욕의 관문 같은 곳이 되었다. 이에 자연스레 이민자 출신 거주민들이 밀집하게 되어, 현재는 뉴욕뿐 아니라 전 세계에서 가장 다양한 인종과 국적의 사람들이 모여 살고 있다.

과거 퀸스에 정착한 사람들 중 대다수가 이탈리아, 그리스 및 아일랜드계 이민자였다면, 지금은 히스패닉 및 동양계 이민자 비율이 빠른 속도로 늘고 있다. 그리고 이러한 변화를 한눈에 볼 수 있는 곳은 퀸스를 대표하는 플러싱Flushing 지구이다. 플러싱은 거주민의 60퍼센트 이상이 동양계다. 몇 십 년 전만 해도 플러싱의 건물들을 도배하고 있던, 아일랜드계 성을 딴 간판들이 앙증맞은 캐릭터가 새겨진 팥빙수나 버블티 간판들로 교체된 지 오래다. 송아지 커틀릿과 링귀니로 유명세를 떨치며 오랫동안 플러싱의 터줏대감 역할을 해오던 이탤리언 식당 역시 최근에 북경오리집으로 바뀌었다. '파리바게트' 매장이 '스타벅스' 매장보다 더 크고,

길거리에서도 영어보다 중국어나 한국어가 더 자주 들릴 정도로 대규모 동양인 커뮤니티가 형성되면서, 플러싱은 뉴욕시의 다른 지역에 비해 같은 기간 내 일곱 배나 높은 사업체 증가율을 보였다. 최근 몇 년 사이에 가속화된 이러한 변화는 더 많은 기회와 더 나은 삶을 찾는 수많은 이민자들을 플러싱으로 끌어들였다.

불굴의 리웨이 씨에게 찾아온 두 번의 위기

내가 만난 리웨이 씨도 한때 부푼 꿈을 품고 플러싱에 입성한 수많은 사람들 중 한 명이었다. 그리고 그녀의 'Queens Story'는 플러싱이 자리한 뉴욕 땅으로부터 무려 1만 2000킬로미터나 떨어진 중국 랴오닝성遼寧省의 어느 외딴 마을에서부터 시작된다.

리웨이 씨는 어렸을 적부터 생강 농사를 하는 부모님을 따라 밭에 나가 부지런히 생강을 따는 굳센 딸이었다. 넉넉지 않은 집안 형편에 어린 남동생까지 있어 밭일이 끝나면 집안일까지 거들어야 했음에도, 싫은 소리 한마디 하지 않을 정도로 착한 딸이기도 했다. 동생이 어느 정도 크자 본격적으로 돈을 벌어 가족들에게 보탬이 되기 위해 홀로 사이판으로 건너갈 만큼 억척스러운 면도 있었다. 하지만 아스팔트도 뚫고 자란다는 방동사니처럼 억센 리웨이 씨에게도 어린 나이부터 혼자 하는 타지 생활은 녹록

지 않았다. 사이판의 의류 공장에서 밤낮으로 일하다보면 허리도 시큰거리고, 때론 온몸에서 식은땀이 줄줄 흐를 정도로 등이 아파올 때도 있었다. 그럴 때마다 그녀는 눈물범벅이 된 얼굴로 침대맡에 붙여둔 가족사진을 보며 버텨냈다. 당시 그녀의 나이는 겨우 열아홉 살이었다.

이처럼 불굴의 의지를 가진 리웨이 씨에게도 위기는 찾아왔다. 2000년대 초 사이판의 의류 산업이 불황으로 움츠러들기 시작하면서, 그녀가 다니던 공장 역시 경영난에 빠진 것이다. 직원들 사이에서는 대규모 인원 감축이 있을 예정이라는 흉흉한 소문이 유령처럼 떠돌기 시작했다. 비교적 경력이 짧은 어린 직원들부터 정리될 것이라는 관측이 지배적이었다. 20대 초반에 불과했던 리웨이 씨는 폭풍을 피할 방법이 없어 보였다. 보통의 청년이라면 '그래, 이 정도면 충분히 노력했어'라고 스스로를 위로하며 모든 것을 정리하고 고향으로 돌아갔겠지만, 5달러짜리 스테이크만큼 질기고 억센 우리의 리웨이 씨는 포기를 모르는 당찬 여성이었다. 그녀는 해고당하기 전에 자진해서 공장을 나와 식당 종업원으로 취직하는 데 성공했다.

리웨이 씨는 식당 일에도 곧장 적응했다. 식당 일은 공장 일만큼이나 고되고 힘들었지만, 활기찬 태도는 기본인 데다가 우렁찬 목소리까지 장착한 리웨이 씨는 식당 주인에게도, 손님들에게도 인기 만점이었다. 외국인 손님들은 리웨이 씨에게 늘 넉넉한 팁을 주었고, 그만큼 그녀는 더욱더 악착같이 일하곤 했다. 식당에서 이리 뛰고 저리 뛰다 파김치가 되어 밥 한술도 못 뜬 채 잠자리에 드는 날들이 이어졌지만, 이른 새벽이면 고향에 있는 가족들을 생각하며 어김없이 집을 나섰다.

하지만 세상은 이번에도 리웨이 씨를 가만히 내버려두지 않았다. 일본 동북부 태평양 연안에서 발생한 지진이 대규모 쓰나미를 일으켜 일본의 도호쿠 연안 지역을 초토화시킨 것이다. 일본을 덮친 쓰나미는 언뜻 보면 사이판, 그리고 리웨이 씨와 큰 상관이 없어 보이지만, 사실 사이판 경제를 먹여살리고 있던 건 당시 전체 관광객의 70퍼센트나 차지하고 있던 일본인 관광객들이었다. 쓰나미 피해로 인해 사이판의 돈줄과도 같았던 일본인 관광객들의 발길이 뚝 끊기자, 사이판의 경기는 크게 휘청거렸고 리웨이 씨가 일하던 식당 또한 얼마 안 가 문을 닫게 되었다. 그녀에게 찾아온 두 번째 위기였다.

대규모 경제불황에 이어 대규모 쓰나미까지 예고 없이 그녀의 작은 삶을 덮치자 아무리 리웨이 씨라 할지라도 별다른 방도가 없어 보였다. 리웨이 씨는 자신의 잘못도 아닌 외부적인 힘에 의해 일터에서 한 번도 아닌, 두 번씩이나 쫓겨나게 되자 문득 인생에는 노력만으로는 바꿀 수 없는 무언가가 있는 것이 아닐까란 생각이 들었다. 어쩌면 운명이라는 그 큰 물결에 희롱당하며 부질없는 노력을 하고 있는 것은 아닐까라는 생각도 들었다. 그러자 참을 수 없는 허탈함이 온몸을 집어삼켰다.

고된 육체노동 뒤에도 늘 밝고 힘이 넘쳤던 리웨이 씨였지만, 한번 깊은 패배감에 빠져들자 좀체 기운이 나질 않았다. 그녀는 사이판에서의 생활을 정리할 마음으로 고향으로 돌아갈 짐을 쌌다. 그리곤 황량하리만큼 텅 빈 방에서 살날이 얼마 남지 않은 금붕어처럼 눈만 껌뻑거리며 출국일을 기다렸다.

그런 그녀에게 새로운 길을 제시해준 건 오랜 기간 몸담았던 식당의 주인아저씨였다. 식당 일에 큰 도움이 됐던 그녀가 하루아침에 실직자가 되어버린 게 안타까웠는지, 아니면 늘 밝고 명랑하던 그녀가 방 안에서 죽은 식물처럼 지내는 게 안쓰러웠는지, 주인아저씨는 리웨이 씨를 찾아와 조심스러운 목소리로 플러싱에 대해 알려주었다. 그는 리웨이 씨같이 생활력이 강한 사람이라면 그곳에서 분명히 재기를 노려볼 수 있다고 했다. 플러싱엔 자기가 잘 아는 사람이 한 명 있다면서 연락처도 건네주었다.

패배감이라는 깊은 수렁 속에 빠져 있던 리웨이 씨는 홍콩이나 대만도 아닌 머나먼 미국 땅까지 날아갈 엄두가 나지 않았다. 선뜻 연락처를 받지 못하고 머뭇거리는 리웨이 씨에게 주인아저씨는 다시 한번 잘 생각해보라며, 그녀 같은 젊은이들이 돈을 벌고 성공하려면 결국 큰돈이 모이는 곳으로 가야 한다고 다그쳤다. 식당에서도 가장 많은 팁을 주었던 건 늘 미국인 손님들이 아니었냐고도 했다. 분명 틀린 말은 아니었다. 평범한 가족 단위의 미국인 손님들도 늘 평균 이상의 팁은 놓고 갔고, 술이 얼큰하게 취한 미국인 아저씨들도 엉큼한 눈빛과 함께할지언정 팁만큼은 확실하게 주고 갔다.

리웨이 씨가 수긍하는 눈치이자 신난 식당 주인아저씨는 쐐기를 박기 위해 뉴욕에선 열심히 한다면 사이판에서처럼 경기침체로 공장이 경영난을 겪는 일도, 쓰나미가 몰려와 식당이 문 닫는 일도 없을 거라는 확신에 찬 예언까지 했다. 아마 젊은 나이에 기가 꺾여 있는 리웨이 씨가 안타까운 마음에 한 말이었겠지만, 불과 3년 전 뉴욕발 금융위기로 공장들은 물론 세계 굴지의 투자은행들까지 줄줄이 파산하고, 또 2012년엔 허리케인 샌디가 뉴욕의 지역경제에 막대한 피해를 입힌 걸 생각해보면 주인아저씨의 말은 '펠레의 저주'만큼이나 무책임한 예언이었다.

지독했던 가난과 두 번의 쓰라린 실패로 좌절감을 맛본 리웨이 씨였지만, 그녀는 결국 다시 한번 과감하게 세상 밖으로 나가기로 마음먹었다. 그렇게 연락처가 적힌 쪽지 한 장과 돈벌이는 확실히 보장된다는 말 한마디만 믿고 리웨이 씨는 뉴욕행 비행기에 몸을 실었다.

처음 도착해 느낀 플러싱의 공기는 차고 텁텁했다. 행인들의 웅성거림, 멀리서부터 희미하게 들려오는 공항과 철도역의 소음들이 부딪히며 만들어내는 불협화음은 마치 다른 세계의 소리처럼 들렸다. 이질적인 공간에 혼자만 덩그러니 남겨진 앨리스처럼 플러싱 거리 한복판에 멍하니 서 있는 그녀에게 가죽점퍼를 입고 수염이 듬성듬성 난 40대 남성이 다가왔다. 식당 주인아저씨가 소개해준 남자였다.

그의 소개로 리웨이 씨는 바로 일을 시작할 수 있었다. 그녀는 가장 익숙했던 종업원 일부터 시작해 주방 보조, 야채 썰기, 화장실 청소까지 할 수 있는 일이라면 뭐든 닥치는 대로 했다. 식당 주인아저씨 말대로 플러싱엔 할일도 넘쳐났고, 봉급도 확실히 높았다. 하지만 돈은 생각만큼 쉽사리 모이지 않았다. 비싼 월세와 생활비가 문제였다. 늘 1달러짜리 만두 두어 개로 끼니를 때우며 생활비는 어떻게든 줄일 수 있었지만, 월세만큼은 도저히 줄일 방도가 없었다. 결국 리웨이 씨는 월세를 아끼고자 주거가 보장되는 상주 간병인으로 일하기로 했다. 변변한 학위도, 기술도 없는 그녀가 할 수 있는 최선의 선택이었다.

상주 간병인 일은 월세를 아낄 수 있다는 확실한 장점이 있었지만, 24시간 동안 환자를 신경써야 하는 격무였다. 요리나 청소 외에도 해야 할 일이 산더미처럼 많았다. 그 수많은 일과들 중에는 몸이 불편한 환자들의 어깨나 다리를 주무르는 일도 포함되어 있었는데, 리웨이 씨는 이 일에 조금이라도 더 능숙해지기 위해 인터넷에서 마사지 수업을 알아보았다. 그러던 중 자신과 같은 처지의 젊은 여성들도 짧은 시간 내에 고소득을 올릴 수 있다는 광고를 우연히 접하게 되었다. 눈이 번쩍 뜨이는 광고에 놀라 조금 더 자세히 알아보자 한 달에 5000달러 이상의 수입을 보장해준다는 광고가, 플러싱 거리에 다닥다닥 붙은 형형색색의 간판들만큼이나 많이 깔려 있었다. 그중에는 아메리칸드림을 이루어준다는 광고도 있었다.

그날 이후 리웨이 씨는 청소를 하면서도, 아픈 할머니의 팔과 다리를 주무르면서도 5000달러의 월급이 가져다줄 힘과 가능성을 끊임없이 상상했다. 마치 새로운 빛의 출현을 목격한 것과도 같은 기분이었다. 그녀의 머리는 여기서 멈추라고, 그만하라고 다그쳤지만, 그녀의 마음은 그 새로운 빛을 강렬하게 희구했다. 이성과 욕망이 끊임없이 충돌하고 또 갈등했다. 하지만 시간이 흐를수록 리웨이 씨의 이성과 합리적 판단력은 욕망이라는 힘에 의해 슬금슬금 잠식당했다. 결국 얼마 안 가 리웨이 씨는 간병인 일을 그만두고 성매매의 길로 빠지고 말았다.

내가 리웨이 씨를 처음 만난 건 그녀가 성매매 일을 시작하고 5년이라는 세월이 흐른 뒤였다. 강렬한 햇살이 창처럼 땅에 내리꽂히는 어느 쨍한 여름날이었다. 그 당시 여름 인턴이었던 나는 '쪼렙'답게 회사가 초청된 콘퍼런스나 행사에 하나도 빠짐없이 출근 도장을 찍고 있었다. 그날도 우리 회사 대표 신분으로 한 여성 인권단체가 성매매 피해자 여성들을 초청한 콘퍼런스에 참석 중이었다. 리웨이 씨는 그날의 발표자들 중 한 명이었다.

솔직히 그때만 해도 난 '노동의 신성함'이나 '마음만 먹으면 그 어떤 어려움도 이겨낼 수 있다'와 같은 말을 굳게 믿고 있던 낭만주의자였다. 그래서 성매매 여성들을 만나면 '당신은 사랑받기 위해 태어난 사람이니 자신의 몸을 함부로 하지 마세요'나 '원래 동트기 전이 가장 어두운 법이니 조금만 더 힘을 내시고 주변에 도움을 요청하세요' 따위의 말로 그들을 위로할 수 있으리라 막연히 생각하고 있었다. 피해자들이 굳은 의지와 희망만 갖는다면, 언젠가는 성매매라는 족쇄를 끊고 합법적이고 '평범한' 사회로 복귀할 수 있다고 믿었다. 그때의 난 의지라곤 가질 수도 없을 만큼 깊은 늪에 빠져 허우적대는 사람들이 있다는 것도, 희망이라곤 가질 수도 없을 만큼 기나긴 터널 속에서 헤매는 사람들이 있다는 것도 제대로 실감하지 못했다. 그들에게 조금만 더 힘을 내고, 조금만 더 참으라는 응원은 MP3플레이어가 없는 사람에게 이어폰을 선물하는 것만큼이나 헛되고, 두 다리를 잃은 사람에게 자전거를 선물하는 것만큼이나 잔인한 짓이라는 사실 또한 알지 못했다.

하지만 리웨이 씨와 다른 여성들의 입을 통해 생생하게 전해 들은 성매매 여성들의 비참하고도 복잡한 사정은 나의 생각이 얼마나 안일했는지를 깨닫게 해주었다. 실제로 인권단체 '어번 저스티스 센터Urban Justice Center'가 작성한 성매매 실태 보고서에 따르면, 뉴욕에서 활동하는 성매매 여성들 중 상당수는 극심한 빈곤과 가정폭력, 심지어는 인신매매와 같은 자신의 능력과 힘으로는 쉽사리 극복할 수 없는 현실의 벽에 부딪혀 이러한 선택을 하게끔 내몰린 것이라고 한다. 그리고 이미 한번 이 길로 빠진 사람들 중 대다수는 열악한 환경에서 비인간적인 대우를 받으면서도 다시 양지의 사회로 빠져나오지 못한다고 한다.[10]

그날 콘퍼런스에 참석한 여성들 역시 그런 경우가 대부분이었다. 그들 중에는 손님의 매질을 피하다 계단 아래로 굴러떨어져 팔이 부러졌다던 여성도, 수많은 손님들에게 이루 말할 수 없는 변태적 행위를 강요받았다던 여성도, 심지어는 권총을 들이미는 경찰관에게 성행위를 강요당했다는 여성도 있었다. 그녀들이 전해준 사연은 하나같이 다 불행하고 비참한 것들이었지만, 그녀들이 겪고 있던 가장 큰 불행은 그 불행을 사회를 향해 당당히 따질 수 없다는 데에 있는 듯했다. 사회의 음지에서 상처받은 그녀들의 항의는 양지의 사회가 쉽게 이해하고 공감하지 못하는 성질의 것이었다. 게다가 대부분은 자신의 불행이 본인의 타락과 죄악에서 비롯되었다고 생각하고 있었다. 그래서 더더욱 그 누구에게도 자신의 아픔을 털어놓지 못하고 있었다. 리웨이 씨는 그날 발표를 마치면서 짧은 영어로 이렇게 말했다.

"저는 평생을 긍정적인 자세로 살아왔어요. 하는 모든 일에도 늘 최선을 다했습니다. 제 삶은 어쩌다 이렇게 되어버린 걸까요? 전 이제 정말 구제불능의 죄인이 되어버린 걸까요?"

리웨이 씨 말대로 그녀는 분명 평생 최선을 다해 살아온 듯했다. 그렇다면 리웨이 씨의 삶은 정말 어디에서부터 잘못된 것일까?

우리는 무엇을 들 것인가

한 나라의 역사든, 한 사람의 인생이든, 모든 운명에는 그 운명을 결정짓는 몇 개의 터닝포인트가 있기 마련이다. 그 터닝포인트란 것이 어떤 때는 너무나 쉽게 보이기도 하지만, 어떤 때는 제대로 보이지 않아 몇 년, 혹은 몇 십 년이 지난 후에나 그 진정한 의미를 깨닫기도 한다.

리웨이 씨의 죄는 그녀가 5000달러짜리 아메리칸드림의 유혹에 넘어간 순간부터 시작된 것일 수도 있고, 아니면 월세를 아끼기 위해 상주 간병인으로 일할 때부터 시작된 것일 수도 있다. 그게 아니라면 그녀가 식당 주인아저씨의 말만 믿고 플러싱으로 날아온 시점부터 모든 게 잘못된 걸 수도 있다. 아니, 어쩌면 어린 나이부터 리웨이 씨를 일터로 내몬 가난이야말로 그녀의 가장 큰 죄였을 수도 있다.

이렇듯 한 개인의 삶에는 다양하고도 복잡한 사정들이 얽혀 있고, 그 개인의 현재 역시 그 수많은 사정들이 켜켜이 쌓이면서 만들어진 것이다. 그렇기에 그 자리에 있던 우리 중 누구도 그녀의 잘못을 콕 집어 말해줄 수 없었다. 그 누구도 섣불리 그녀를 향해 손가락질하며 충고하려 들 수 없었다. 긴 이야기를 끝낸 리웨이 씨에게 우리가 해줄 수 있는 일이라곤 말없이 박수를 치며 다음에 만났을 때엔 그녀의 무거운 현재가 조금은 더 밝고 가벼워져 있기를 응원하는 것뿐이었다.

하지만 바람과는 달리, 2018년 콘퍼런스에서 우리는 리웨이 씨를 다시 만날 수 없었다. 리웨이 씨는 그해 가을 세상을 떠났기 때문이다. 그날 모두의 박수를 받으며 새로운 삶을 찾겠다고 다짐했던 리웨이 씨는 얼마 지나지 않아 성매매 현장으로 복귀했고, 경찰의 현장 급습을 피하던 와중 4층짜리 건물에서 떨어져 다음 날 병원에서 숨을 거두었다고 한다.

2018년 콘퍼런스에는 딸의 장례를 위해 랴오닝성에서 날아왔다는 리웨이 씨의 어머니가 대신 참석했다. 몇 푼이라도 더 벌어 보겠다고 머나먼 타지로 떠난다는 딸을 말리지 못한 게 후회스럽다고, 그리고 착한 딸에게 가난이라는 무거운 짐을 지게 한 것이 미안하다며 흐느끼던 그녀의 주름진 얼굴이 유난히 기억에 남는다. 앞으로 평생을 죄인의 마음으로 살게 된 리웨이 씨의 어머니는 미국에 체류하는 동안 플러싱의 어느 지역 교회에서 세례를 받았다고 한다. 그녀는 그렇게라도 자신의 죄를, 그리고 리웨이 씨의 죄를 보속하고 싶었던 것일지도 모른다.

하지만 플러싱의 거리에는 아직도 그 누구의 용서도 받지 못하는 여성들이 그림자처럼 살아가고 있다. 색색의 네온사인이 24시간 동안 휘황찬란하게 번쩍이는 그곳에는 리웨이 씨와 같은 직업여성들이 차가운 겨울바람과, 그보다 더 냉랭한 사회의 시선을 견디며 호객행위를 이어가고 있다. 오늘도 그녀들의 외침은 가련한 노랫소리처럼 허공에 울려 퍼진 뒤, 이내 도시의 소음 속으로 흩어지고 있다.

"마사지? 마사지?"

리웨이 씨의 어머니는 미국에 있는 동안 교회에서 주는 고구마나 과일을 안 먹고 모아두었다가, 늦은 시각까지 호객행위를 하고 있는 성매매 여성들의 발치에 놓곤 했다. 세상이 던질 돌을 두려워하는 그녀들 앞에서 리웨이 씨의 어머니는 두 손에 돌을 드는 대신 고구마와 과일을 든 것이다. 거리의 젊은 시인 나스 역시 소외된 사람들을 위해 돌 대신 잔을 들자고 외쳤다.

우리는 무엇을 들 것인가?

"검사님,
저 대신 그 사람을
용서하지 말아주세요"

어렸을 적 『삼국지』에 대한 나의 열정은 대단했다. 어린 나이에 그 긴 『삼국지』를 세 번도 아닌 다섯 번이나 읽었으니, 그야말로 '삼국지 덕후'라고 할 만했다. 물론 부작용도 있었다. 세상을 뒤흔든 영웅호걸들의 무용담에 너무 심취한 나머지, 야망, 대의, 시대적 소명 같은 거창한 주제가 아니면 모두 시시하다는 건방진 생각을 하게 된 것이다. 그렇다보니 어린 시절 내가 열광했던 작품들은 주로 영웅물, 시대물, 그리고 모험물에 편중되어 있었다.

이런 내가 로맨스물에 눈을 뜬 건 한순간이었다. 어느 한가한 평일날, 방학이라 방구석에서 빈둥거리다가 영화가 보고 싶단 어머니에게 거의 끌려가다시피 해 동네 영화관에 간 적이 있는데,

그때 본 영화 〈워크 투 리멤버〉가 그 시발점이었다. 〈워크 투 리멤버〉는 맨디 무어라는 하이틴 스타가 출연한 청춘영화였다. 촌스러우나 착한 여자 주인공이 인기는 많지만 살짝 삐딱하고 공허해 보이는 남자 주인공을 만나 사랑에 빠진다는 전형적인 전개에, 여주인공이 결국 백혈병으로 죽는다는 식상한 결말까지 갖추고 있었다. 소재도, 전개도, 연출방식도, 무엇 하나 특출날 게 없는 영화였지만, 남자 주인공과 여자 주인공이 죽기 전 'To-Do-List'를 하나하나 함께 이뤄가는 장면들만큼은 눈물나게 아름다웠다. 게다가 목사의 딸인 여주인공이 남주인공과 사랑의 의미에 대해서 읊조리는 '사랑은 언제나 오래 참고, 사랑은 언제나 온유하다'라는 「고린도전서」의 말씀은 사춘기 소년이었던 내 마음에 놀라 우리만큼 큰 울림을 주었다.

몇 번이나 쏟아질 듯한 눈물을 간신히 참아내고 영화관에서 나오는 길, 어머니가 영화는 어땠냐고 물으셨다. 나는 최대한 무뚝뚝한 표정을 지으며 '생각보단 괜찮았어'라고 답했지만, 사실 생각보다 괜찮았던 정도가 아니라 너무 좋았어서 그때까지도 심장이 콩닥거리고 있었다. 영화를 보고 나서도 몇 주 동안은 '사랑은 언제나 오래 참고, 사랑은 언제나 온유하다'는 영화 속 성경 말씀을 되뇌면서 '어쩜 이리 멋진 말이 있을까' 감탄했던 기억이 난다.

자신의 존재 자체가 잘못됐다고 믿다

내 사무실을 찾은 엘레나 씨는 '사랑'이라는 단어가 무척이나 잘 어울리는 사람이었다. 참을성도 많았고, 온유했으며, 무엇보다 언제나 따뜻한 미소를 잃지 않았다. 하지만 그녀가 겪어온 삶은 결코 온유하지도, 따뜻하지도 않았다.

10대 시절, 엘레나 씨는 매일 한 시간 이상 버스와 지하철을 이용해 통학했다. 브롱크스Bronx에서 A트레인을 타고 하염없이 뉴욕의 도심을 통과하다보면, 문득 삶이란 참 기이한 것이라는 생각이 들었다. 열차의 창밖으로 도시의 풍경들은 늘 빠르게 스쳐 지나갔다. 세상을 뒤엎을 듯한 도시의 소음도 우르르 커졌다 이내 다른 소음으로 대체되곤 했다. 사람들 역시 항시 어딘가로 바삐 움직이고 있었다. 시간의 흐름에 따라 이 도시도, 그리고 이 도시에 사는 사람들도 모두 쉴 새 없이 변하고, 움직이고 있었다.

하지만 그녀만은 늘 제자리였다. 그녀도 다른 사람들과 마찬가지로 분명 밤에는 잠을 자고, 아침이 되면 세수를 하고, 양치를 하고, 빵을 씹고, 가방을 메고 거리로 나섰다. 매일 새로운 하루를 맞이하는 건 다른 사람들과 똑같았지만, 무슨 일인지 그녀의 시곗바늘은 육중한 추라도 매단 듯 좀처럼 돌아가지 않았다. 세상의 시간은 흘러가도 그녀의 시간은 흐르지 않았다. 매일매일 빠져나오려고 발버둥칠수록 더 깊이 빠져드는 늪 같은 하루를 견디고 버텨낼 뿐이었다.

친아버지의 학대가 시작된 건 그녀가 여덟 살이 되던 무렵이었다. 한쪽 뺨을 수차례 맞았는데, 같은 자리를 연달아 맞다보니 아직 얇고 연약했던 살갗이 터져버렸다. 얼굴 위로 피가 주르르 흘렀고, 눈가에 괸 눈물도 뺨을 타고 바닥으로 뚝뚝 떨어졌다. 이내 뺨이 크게 부풀었다. 처음에는 너무 놀라 상황이 잘 파악되지 않았다. 단순히 '내가 나도 모르게 뭔가 큰 잘못을 했나보다. 앞으로는 주의해야지'라고 생각할 뿐이었다. 하지만 아버지의 학대는 한 번으로 끝나지 않았다. 그날 이후 폭력은 더욱 무분별하게, 그리고 더욱 광폭하게 이어졌다. 이유나 패턴이 없었기에 예측할 수도, 피할 수도 없었다. 그렇기에 더욱 공포스러웠다.

두 번째, 세 번째, 그리고 열 번째.

아버지의 이유 없는 폭력이 계속 이어지자, 어느 순간 엘레나 씨는 횟수를 세는 일을 멈추었다. 이 고통이 끝나지 않으리라는 사실을 예감했기 때문이다.

엘레나 씨는 그렇게 몇 년을 학대에 시달리며 살았다. 하지만 그녀의 불행은 거기서 끝나지 않았다. 어린 시절부터 반복된 폭행으로 늘 부풀어올라 있던 그녀의 뺨처럼, 10대가 되자 그녀의 가슴이 눈에 띄게 봉긋해지기 시작했다. 그사이 키도 부쩍 커져, 어느새 엘레나 씨의 몸은 더이상 소녀가 아닌 여인의 몸에 가까워져 있었다. 그리고 이러한 변화는 늘 분풀이할 사냥감을 찾던 아버지의 눈에도 포착되었다. 그는 무섭게 부릅뜬 두 눈으로, 여인이 되어가는 딸의 몸을 거칠게 탐닉했다.

지옥 같은 나날들의 연속이었다. 이미 약해질 대로 약해진 엘레나 씨의 몸과 마음은 아버지의 성폭행으로 폭우에 둑 무너지듯 무너져내렸다. 이제 엘레나 씨는 처음 뺨을 맞았던 여덟 살 때처럼 자신이 무언가 큰 잘못을 해서 이런 일들을 겪는 거라고 생각하지 않았다. 어느 순간부터 자신이 무얼 잘못한 게 아니라, 그냥 자신의 존재 자체가 잘못이라는 확신이 들었기 때문이다.

존재 자체가 불행이니, 행복해질 수도 없고 행복해져서도 안 된다고 생각한 그녀는 행복해질 수 있는 모든 기회와 가능성을 스스로 차단했다. 학교에서도 늘 혼자였다. 홀로 앉아서 수업을 들었고, 그 누구와도 이야기하지 않은 채 식사나 등교도 혼자 했다. 물론 처음에는 몇몇 학생들이 다가와 말도 붙이고 장난도 치곤 했다. 하지만 그녀가 별 반응을 보이지 않자 얼마 지나지 않아 모두 그녀 곁을 떠나갔고, 그렇게 그녀는 점점 더 철저히 혼자가 되어갔다. 장벽에 둘러싸여 고립된 성이었고, 수심 깊이 잠겨 보이지 않는 섬이었다.

엘레나 씨의 삶을 누군가 처음으로 두드린 건 그녀가 열다섯 살이 되던 때였다. 엘레나 씨는 그날도 역시 혼자서 A트레인을 타고 하염없이 뉴욕의 도심을 통과하고 있었다. 멍하니 창밖 너머로 스쳐지나가는 건물들을 바라보고 있는데, 누군가 그녀 앞으로 다가와 시야를 가렸다. 눈은 생글거리고 미소는 방글거리는, 꽤 귀여운 외모의 남자였다. 그는 자신을 마커스라고 소개했다.

마커스는 그녀가 마음에 든다고 했다. 태어나서 처음 들어보는 말이었다. 늘 그녀의 얼굴에 드리워 있던 그림자 때문인지, 또래 남자아이들은 그녀에게 큰 관심을 보이지 않았다. 그런데 그런 또래 남자아이들과는 비교도 안 될 정도로 성숙해 보이고, 또 세련되어 보이는 이 낯선 남자는 그녀의 두 눈이 무척이나 아름답다고 말하고 있었다.

'이 사람 눈엔 내 얼굴에 들러붙은 이 지독한 어둠이 보이지 않는 걸까?'

그렇게 생각하자 순간 얼굴이 화끈 달아올랐다. 이전까지 느껴본 적 없는 설렘에 당혹스럽기만 했다. 하지만 엘레나 씨는 그가 짓는 따뜻한 표정, 그의 입에서 나오는 달콤한 말들을 아직 온전히 믿을 수는 없었다. 당연한 일이었다. 이미 인간의 야만성을 충분히 겪은 그녀는, 끝없는 경계와 의심만이 자신의 몸과 마음을 지킬 수 있는 유일한 수단이라는 사실을 어렴풋이 알고 있었다.

두 번째, 세 번째, 그리고 열 번째.

마커스는 전화로, 문자로 연락을 해왔고 집 앞으로 그녀를 찾아왔다. 그는 끈질겼다. 벽을 치면 이내 포기하고 떠나가던 다른 사람들과 달리, 끝까지 그녀를 떠나지 않고 맴돌았다. 그가 끈기 있게 그녀의 삶을 두드리자, 여태껏 사람들의 무관심 때문에 식어 있던 온몸의 피가 다시 따뜻해지는 기분이었고, 갖은 학대 때문에 움츠러든 근육도 다시 활짝 펴지는 느낌이었다. 엘레나 씨는 어쩌면 자신의 존재가 그리 큰 잘못이 아닐 수도 있겠다는 생각을 하기 시작했다. 적어도 마커스는 그렇게 말해주고 있었다. 어쩌면 그에게는 그녀도 특별한 사람이 될 수 있을지 몰랐다. 그렇게 엘레나 씨는 조심스레 마음을 열어갔다.

엘레나 씨는 마커스가 영화를 보자고 하면 같이 영화를 봤고, 그가 타코가 먹고 싶다고 하면 함께 타코를 먹었다. 15년이라는 시간 동안 철저히 고립되어 있던 엘레나 씨에게 친구가, 그리고 의지할 사람이 생긴다는 것은 무척이나 황홀한 경험이었다. 물론 그들은 그리 오래 친구 사이로 남아 있지 않았다. 어느 날 마커스는 그녀와 키스를 하고 싶다고 했고, 그건 엘레나 씨 역시 바라던 일이었다. 그날 둘은 자연스레 입을 맞췄고, 그렇게 친구에서 연인으로 발전했다.

엘레나 씨는 마커스가 원하는 거라면 무엇이든지 들어주고 싶었다. 마커스가 눈화장을 더 짙게 해보는 건 어떠냐고 하면 그렇게 했고, 조금 더 짧은 치마를 입고 높은 힐을 신어보는 건 어떠냐고 했을 때도 순순히 그의 말을 따랐다. 마커스는 그런 그녀의 모습이 더할 나위 없이 매력적이라고 칭찬하며 사진을 찍어댔다. 엘레나 씨는 그런 칭찬을 들을 때마다 단어 하나하나가 몸속 깊은 곳으로 들어와 일그러져 있던 세포 하나하나를 소생시켜주는 느낌을 받았다. 그래서 마커스가 그런 '섹시한' 복장으로 자신의 친구가 주최하는 파티에 가지 않겠냐고 청했을 때도 승낙했던 것이다.

사실 엘레나 씨는 여태껏 술도, 파티도 경험해본 적이 없었다. 남들과 오래 어울려본 건 마커스와의 시간이 유일했기 때문에 다른 사람들 틈에 섞여야 하는 파티는 솔직히 무척이나 부담스러웠다. 게다가 짧은 치마를 입고 짙은 화장을 한 모습으로 다른 사람들과 긴 시간 동안 어울릴 자신은 더더욱 없었다. 그렇다고 마커스의 간곡한 부탁을 거절할 수는 없었다. 그의 바람을 들어주고 그를 기쁘게 해주는 것은, 어느덧 그녀 삶의 목적이자 유일한 의미가 되어 있었기 때문이다.

경직된 몸으로 파티장을 향하는 엘레나 씨에게 마커스는 다 괜찮을 테니 긴장하지 말라며 스파클링 와인 한 잔을 건넸다. 사랑하는 남자 옆에서 처음 마셔보는 와인의 맛은 달콤쌉쌀했다. 실제로 긴장감이 조금은 가시는 듯했다. 술기운 탓인지 마커스의 얼굴도 평소와는 다르게 보였다. 긴장이 점점 풀어지는 그녀와는 달리, 정면을 바라보며 운전하는 그의 얼굴은 평소보다 더 굳어 있었고, 어딘가 어색해 보였다.

"웃어요 마커스."

그녀의 말에 마커스가 고개를 돌려 그녀를 바라보자, 엘레나 씨의 몸은 이내 불덩이처럼 뜨거워졌다. '이것이 술기운이라는 건가?'라는 생각이 떠오른 순간, 턱관절이 뻣뻣해지며 전신이 허물어졌다.

엘레나 씨가 다시 눈을 뜬 건 용커스Yonkers의 어느 모텔이었다. 마커스는 보이지 않았고, 대신 낯선 남자 두 명이 그녀 위에 있었다. 손을 움직일 수도, 소리를 지를 수도 없었다. 온 세상이 눈앞에 유리판 두세 장을 얹어놓은 것처럼 뿌옇고 비현실적으로 보였다. 그녀는 이제 그것이 술기운 때문은 아닐 거라고 어렴풋이 짐작할 수 있었다. 그렇다면 눈물 때문이었을까? 아님 약기운 때문이었을까? 알 수 없었다. 하지만 그녀에게 일어나고 있는 일들은 분명 꿈이 아니라 현실이었다. 그녀의 몸을 더듬는 거친 손놀림과 찢어질 듯한 고통은 이 모든 것이 부정할 수 없는 현실임을, 그리고 이것이 피할 수 없는 성매매의 현장임을 너무도 분명하게 말해주고 있었다.

언제나 오래 참고, 언제나 온유하게

사실 마커스는 뉴욕 지역에서만 몇 년간 활동해온 베테랑 성매매 알선업자였다. 그와 같은 사람들을 '로미오Romeo 포주'라고 부르는데 어리고 연약한, 그래서 관심과 사랑에 목마른 여성들만 목표로 삼기 때문에 붙은 명칭이다. 이런 로미오 포주들이 개입한 뉴욕의 성매매 사건은 2018년 한 해에만 무려 300건이 넘었다. 물론 이는 빙산의 일각에 불과하고, 실제로는 이 수치에 몇 배나 되는 건의 성매매가 암암리에 횡행 중이라는 것이 경찰과 검찰 내의 지배적인 의견이다.

성매매 사건이 매년 꾸준히 늘어나는 이유는 단순하다. 돈이 되기 때문이다. 총은 팔고 나면 없어지고, 마약도 팔고 나면 없어지지만, 사람은 없어지지 않는다. 팔고 또 팔아도 그 자리에 남아 살아 숨쉰다. 성매매 여성이 도망치지만 않는다면 하루에 열 번도 넘게, 1년에 수천 번도 넘게 '굴리며' 수익을 낼 수 있는 것이다. 성매매 여성들이 도망칠 가능성 역시 생각보다 희박하다. 이들을 붙잡아두는 데는 많은 게 필요하지 않기 때문이다. 영화 〈테이큰〉에서처럼 여성들을 납치한 다음 머리에 총구를 대고 위협할 필요도, 족쇄를 채워 지하실에 감금할 필요도 없다. 이들을 무력화시키는 건 무력이 아니라 '사랑'이다. 더 정확히 표현하자면

'사랑받고 있다는 착각'이다.

엘레나 씨와 같이 로미오 포주에 의해 성매매 세계에 발을 들이게 되는 여성들은 불우한 환경에서 성적 학대를 받고 자란 경우가 상당수다. 사랑에 익숙하지 않은 그녀들은 마커스 같은 전문 사냥꾼들에게 걸리면 그 마수에서 쉽사리 벗어나지 못한다. 비인간적인 대우를 받고, 심지어 폭행의 흔적까지 역력한 피해자들에게 왜 도망치지 않았냐고 물을 때마다 가장 흔히 돌아오는 대답은 '그래도 그는 날 먹여주고, 재워줬어요'였다. 이미 가시덩굴 안에 갇혀 온몸이 상처투성이인 사람은 바늘 하나에 더 찔리는 것으로는 아무런 고통도 느끼지 못한다. 어릴 적부터 수없이 학대를 당해온 피해자들은 사랑만 있다면 몸을 팔고, 매일 옷걸이로 사정없이 맞는 일도 참을 수 있다고 생각하고 있었다.

그렇기에 마커스 같은 인신매매범들을 적발하고 수사하는 데에는 늘 상당한 어려움이 따른다. 피해자들이 자신들이 피해자라는 인식조차 하지 못하는 경우가 많고, 또 적극적으로 수사에 협조해주지 않는 경우도 많기 때문이다. 이럴 때는 결국 피해자들을 기다려주는 수밖에 없다.

엘레나 씨 역시 수사에 적극적으로 협조해주는 데에는 1년이라는 시간이 걸렸다. 물론 이 1년이라는 시간은 엘레나 씨에게는 놀라우리만큼 짧은 시간이었을 수도 있다. 그녀의 상처가 완전히 아물기까지는 앞으로 2년, 3년, 아니, 10년이라는 시간이 더 걸릴지도 모른다. 어쩌면 완전한 치유라는 건 불가능한 꿈일지도 모른다. 하지만 수많은 인권단체 소속 상담사들의 시간과 노력, 그리고 엘레나 씨 본인의 굳은 의지 덕분에 그녀는 용기내 입을 열 수 있었고, 덕분에 마커스를 기소할 수 있었다. 그것도 무려 16건의 무력·협박과 사기에 의한 성매매 혐의로 말이다.

이 과정에서 열네 명의 여성들이 마커스의 마수에서 풀려나게 되었다. 비록 마커스에게서는 해방되었지만, 그녀들은 이미 너무 많은 것을 잃어버렸다. 수많은 피와 눈물을 흘려야만 했고, 10대에만 겪을 수 있는 서툴지만, 그만큼 신선한 감동으로 가득찬 사랑을 할 기회를 영원히 잃어버렸다. 그녀들이 쏟아낸 피와 눈물처럼, 그 기회는 결코 다시 돌아오지 않을 것이다. 엘레나 씨를 포함한 그녀들 모두 그 시절의 풋풋한 추억을 가슴속 깊은 곳에 품고, 그 온기를 느끼며 늙어가는 즐거움을 만끽하지 못할 것이다.

언젠가 이런 분한 마음을 못 이겨 엘레나 씨에게 말한 적이 있다. 사람의 가장 무방비하고, 불안정하고, 순수한 부분인 사랑이라는 감정을 악용한 마커스는 사람의 탈을 쓴 악마이며, 그런 그를 절대 용서하거나 다시 받아줘서는 안 된다고. 그러자 그녀는 내게 말했다.

"검사님이 저 대신 그 사람을 용서하지 말아주세요. 저는 이제 그를 잊고 앞으로 나아가고 싶습니다."

이 말을 남기고 검사실을 나선 그녀는, 현재 브루클린에 위치한 세이프 허라이즌Safe Horizon이라는 인권단체에서 자신과 같은 성매매 피해자들을 돕는 상담사로 일하고 있다. 자신의 존재 자체가 잘못됐다고 믿었던 그녀가 이제는 예전의 자신과 같은 사람들에게 사랑을 베풀며, 스스로 존재의 의미를 만들어가고 있는 것이다. 어쩌면 그녀의 멈춰 있던 시간은 그렇게 천천히 앞으로 나아가고 있는 것인지도 모르겠다.

그녀만큼은 아니지만, 성매매 여성들을 바라보는 뉴욕 사회의 인식 역시 조금씩 앞으로 나아가고 있다. 아직 성매매 여성들을 처벌하는 법 조항은 건재하지만, 수사기관들도 몇 년 전부터는 성매매 여성들보다는 성을 구매하는 남성들이나 포주들에 대한 처벌을 강화하는 쪽으로 변화하는 추세다. 요즘에는 뉴욕 경찰관들도 성매매 단속 과정에서 여성들을 어떻게 대해야 하는지에 대한 별도의 훈련을 받는다. 법이 바뀐 것은 아니지만 법 집행의 방향이 완전히 바뀐 것이다.

이와 같은 변화에는 엘레나 씨가 현재 몸담고 있는 세이프 허라이즌 같은 인권단체들의 역할이 중추적이었다. 이들은 죄책감, 수치심, 두려움 때문에 수사기관과의 접촉을 꺼리는 피해 여성들을 전문적인 훈련을 받은 상담사들의 예민한 촉수로 보듬어주고,

그들이 다시 사회에 스며들 수 있도록 관리와 지원을 아끼지 않는다. 또한 경찰과 검찰, 그리고 영향력 있는 여성단체들과 성매매 피해자 여성들을 한자리에 모으는 워크숍이나 콘퍼런스를 정기적으로 마련하고, 언론 발표를 통해 성매매 여성들이 겪고 있는 참혹한 현실을 대중에게 알리려는 노력을 지속적으로 기울인다.

이들이 꾸준히 목소리를 냈고, 또 내고 있기에 뉴욕의 성매매법 집행방식도 성매매 여성들을 기계적으로 처벌하기보단 그들이 처한 상황을 고려하여 법의 테두리 안에서 일상을 꾸려갈 수 있도록 돕는 쪽으로 발전할 수 있었다. 이는 결코 차가운 이성만으로 이룰 수 있었던 일이 아니다. 인권단체들이 상처받은 인간에 대한 따뜻한 애정과 관심을 가졌기에 가능했던 일이다. 그 덕분에 엘레나 씨는 빠른 시간 내에 회복할 수 있었고, 그녀 역시 자신이 받은 도움과 친절을 다른 피해자들에게 베풀며 살아갈 수 있었다. 사랑과 친절은 이렇게 순환하면서 세상을 조금 더 안전하고 따뜻한 곳으로 만들어나가고 있다.

마틴 루서 킹은 말했다. 가장 완벽한 형태의 힘은 정의의 요구를 사랑으로 관철시킬 때에만 발현되고, 가장 완벽한 형태의 정의는 사랑을 지킬 때에만 비로소 발현된다고. 검사실에서 바라본 어지럽고 정신없는 우리 사회의 풍경이 가끔 버겁게 느껴지면서도 이곳을 떠나고 싶지 않은 이유는 나 역시 이러한 사랑의 순환에 동참하고 싶어서다. 그럼으로써 엘레나 씨와 같이 상처를 안고 살아가는 사람들에게 조금이라도 힘이 되어주고 싶어서다. 그들이 앞으로 걷을 길이 가시밭길이 아닌 꽃길이 될 때까지, 그들이 언젠가는 그 길에서 참된 사랑을 만나 참된 행복을 찾을 수 있을 때까지, 우리는 그들과 함께 느린 보폭으로 걸어가야만 한다. 그들을 보듬어주고, 또 기다려줘야 한다. 언제나 오래 참으며, 언제나 온유하게.

'기회'라는 이름의 위기

누구나 인생에서 힘든 시기를 겪기 마련이다. 어느 날 불운이 예고 없이 벼락처럼 내리칠 수도 있고, 출구 없는 일상에 지쳐 몸과 마음이 잎사귀 떨어지듯 서서히 스러져갈 수도 있다. 나 역시 학창 시절 크게 방황했던 적이 있다. 그렇다고 두 눈에 힘을 주고 다니거나 두 주먹으로 겁없이 거리를 누볐던 건 아니고, 그냥 방 안에서 혼자 조용히 방황했다. 말수도 줄고, 매사에 무기력하던 시절이었다. 이런 경험 때문에 피해자들의 절박한 심정을 조금이나마 이해할 수 있게 되었다고 말하고 싶지만, 그건 사실이 아닐 것이다. 인생이 늘 장미빛이었던 건 아니지만, 적어도 나는 하늘이 무너질 정도의 위기를 겪었던 적은 없기 때문이다. 내 인생엔

늘 솟아날 구멍 하나쯤은 있었다.

그렇다보니 검사실을 찾아오는 수많은 사람들 중 정말 막막한 상황에 처한 사람들에겐 함부로 위로의 말을 건네기가 망설여진다. 실비아 씨도 그런 사람들 중 하나였다. 그녀의 상황은 그야말로 처참했다. 일단 방황도 따뜻한 이불 안에서 편하게 하던 나와는 달리 그녀는 육체적으로 많이 지쳐 보였다. 여름철만 되면 곰팡이가 그라피티처럼 도배되는 브루클린의 좁은 단칸방에 살고 있었고, 끼니도 늘 인스턴트로 때우기 일쑤였다. 그녀는 앞으로 다가올 먼 미래도 걱정이었지만, 당장 오늘의 무게를 감당할 힘조차 없었다.

실비아 씨 부부는 젊은 나이에 페루를 떠나 브루클린에 정착한 이민 1세대였다. 충분히 각오하고 왔지만, 막상 겪어보는 1세대 이민자의 삶은 상상했던 것보다도 훨씬 더 외롭고 고단했다. 생각보다 높았던 언어 장벽에서부터 눈에 보이지는 않지만 분명히 느껴지던 인종차별까지. 크고 작은 어려움들이 장마철만 되면 서울시 도로 곳곳에 생겨나는 포트홀처럼 실비아 씨 부부의 일상 곳곳에 도사리고 있었다.

그나마 다행인 점은 이 정도의 위기들은 젊은 부부의 패기만으로도 극복이 가능했다는 사실이다. 위기란 것이 그렇다. 어느 정도 예측이 가능한 위기는 극복하는 일 또한 그리 어렵지 않다. 반면에

'진짜' 위기는 늘 소리소문 없이, 예상치 못한 곳에서, 예측하기 어려운 방식으로 다가온다. 그렇기 때문에 막상 위기가 눈앞까지 다가와도 그것이 위기라는 사실조차 인지하지 못한다. 이런 위기들은 피해자들에게 치명상을 입히곤 하는데, 안타깝게도 실비아 씨 부부에게 이런 진짜 위기가 찾아왔다. 그것도 무려 두 차례나.

거짓말 같은 기회가 찾아오다

첫 번째 희생양은 실비아 씨의 남편인 로메로 씨였다. 당시 로메로 씨는 브루클린에 위치한 대형 세차장에서 3년째 일하고 있었다. 앞유리를 닦고, 허브캡을 광내고, 진공청소기를 돌리는 게 주 업무였다. 로메로 씨는 묵묵히 세차장 일을 하면서도 늘 마음 한편에는 언젠가 옐로캡Yellow Cab 택시 운전기사가 되겠다는 목표를 품고 있었다. 한번 정한 목표는 반드시 이루어내고야 마는, 차돌만큼 단단한 집념의 소유자였던 로메로 씨는 세차 일을 하면서 틈틈이 운전면허도 따고, 세차장을 찾는 옐로캡 운전기사들과 친분도 쌓으면서 꿈을 이루기 위한 과정을 차근차근 밟고 있었다.

로메로 씨가 옐로캡 운전기사가 되고 싶었던 데는 그럴 만한 이유가 있었다. 옐로캡은 강렬한 노란색 색감으로 뉴욕 도심의 상징이 된 지 오래지만, 이미 그보다 훨씬 전부터 뉴욕을 찾는 이민자들에게 안정적인 중산층 직업의 상징이었다. 맨해튼에 나가면 도로에 널린 게 옐로캡이라 실감은 잘 안 나지만, 사실 옐로캡 운전기사는 되고 싶다고 될 수 있는 것이 아니었다. 옐로캡을 운행하기 위해 필요한 '메달리언Medallion'이라는 택시 면허증의 수가 지극히 한정되어 있기 때문이다. 현재 뉴욕시에 존재하는 옐로캡 자격증의 수는 뉴욕시가 최초로 자격증을 발급하기 시작한 1937년과 비교해 크게 늘지 않았다. 뉴욕시가 엄격하게 수량 관리를 해왔기 때문이다. 게다가 옐로캡 면허증은 운전기사들끼리도 언제든지 자유롭게 사고팔 수 있는 유동자산이다. 적당히 쓰다가 언제든지 비싼 값에 파는 일이 가능하단 소리다. 단순한 면허증을 넘어 투자가치가 높은 자산인 셈이다. 덕분에 옐로캡 면허증은 1930년대 10달러에서 거래되던 걸로 시작해 한때는 100만 달러를 훌쩍 뛰어넘는 가격에 거래되기도 했다. 수십 년 사이에 그 가치가 무려 10만 배 이상으로 폭등한 것이다.

이렇다보니 옐로캡 운전기사가 되기란 결코 쉬운 일이 아니었다. 돈도 필요했고, 인맥도 중요했다. 돈도 인맥도 없었던 로메로 씨에게는 말 그대로 먼 미래의 꿈과 같은 일이라고 할 수 있었다. 로메로 씨는 이 사실을 잘 알고 있었고, 자신이 옐로캡 면허증 소유자가 되는 건 빨라야 십수 년 후의 일이라고 생각하고 있었다. 그래서 그 멀기만 했던 꿈이 어느 날 거짓말처럼 눈앞까지 다가왔을 때는, 이게 꿈인지 현실인지 분간할 수 없었다.

거짓말 같은 기회는 한 단골손님으로부터 찾아왔다. 로메로 씨가 일하는 세차장을 자주 찾는 옐로캡 운전기사였다. 서로 통하는 게 많아 가끔 이런저런 얘기를 나누는 사이였는데, 어느 날 로메로 씨의 꿈에 대해 알게 된 그는 자신이 얼마든지 도와줄 수 있다고 했다. 그도 다른 사람의 도움을 받아 옐로캡 운전기사가 된 지 2년 정도밖에 안 됐다고 했다. 로메로 씨가 아직 마련해둔 돈이 부족하다며 쓴웃음을 짓자, 브로커를 통해 은행에서 대출을 받으면 아무런 문제가 되지 않는다고 했다. 자기 주변의 옐로캡 운전기사들이 모두 그런 식으로 면허증을 구입해 지금까지 뉴욕 도심을 누비고 있다고도 덧붙였다.

로메로 씨는 평소 조용하고 소심했지만, 또 그만큼 신중한 성격이었다. 그래서 그때까지만 해도 모든 게 그저 꿈같은 이야기라고 생각했다. 하지만 직접 브로커를 만나보니 마음이 흔들리기 시작했다. 브로커는 한껏 멋을 낸 40대 백인 남성이었는데, 까나리액젓과 발음이 비슷한 브랜드의 네이비 스트라이프 슈트에 왕관 마크가 박힌 고급 시계를 차고 있었다. 딱 봐도 성공한 사업가로 느껴졌다. 브로커는 자신 덕분에 아메리칸드림을 이룬 옐로캡 운전기사만 해도 수백 명은 될 거라며 으스댔다. 맨해튼 어느 지역에서 택시를 타도 열에 한 명은 자신의 고객일 거라는, 누가 들어도 허풍 같은 허세를 부렸다. 그리고 로메로 씨도 그중 한 명으로 만들어주겠다고 호언장담했다. 브로커가 이렇게까지 세게 나오자 로메로 씨도 이것이 그저 뜬구름 잡는 소리인지, 아니면 확실히 잡아야 할 기회인지 헷갈리기 시작했다.

신중한 성격의 로메로 씨와는 달리, 실비아 씨는 조금 더 화끈한 편이었다. 로메로 씨에 비하면 씀씀이도 컸고, 꿈도 컸다. 문제는 꿈이 큰 만큼 마음속 깊은 곳에 늘 한 방을 기대하는 심리가 도둑고양이처럼 은밀하게 웅크리고 있었다는 점이다. 게다가 당시 실비아 씨는 한탕주의 성향을 부추기는 자기계발서들에 몹시 심취해 있었다. 서랍 안에 각종 자기계발서들을 마치 조상님 위패 모시듯이 가지런하게 넣어두고는 일상에 치일 때마다 보물지도 꺼내듯 찾아 읽었을 정도다. 자기계발서들이 주는 무한한 긍정 에너지에 한껏 달아오른 실비아 씨는 결정을 쉬이 못 내리는 남편에게 무엇을 망설이느냐고, 온 우주의 기운이 모아다준 기회를 이리 허무하게 놓쳐버릴 거냐고 매섭게 다그쳤다.

한때 자기계발서를 찾아 읽었던 사람 중 한 명으로서, 실비아 씨의 심정이 이해되지 않는 건 아니다. 주변에 가족이나 친척도 없던 실비아 씨에게 자기계발서는 불안한 이민 생활을 버텨낼 수 있게 도와준 가장 든든한 버팀목이나 다름없었을 것이다. 게다가 자기계발서가 다 나쁜 것도 아니다. 현실적인 조언을 건네는 책들도 많고, 설사 실용적인 조언이 없다고 해도 꼭 쓸모가 없는 것은 아니다. 잠시라도 나의 삶, 사고방식, 습관을 되돌아보게 만들어주고, 힘들 때 위로받을 수 있다면 그것만으로도 충분할지 모른다. 문제는 지나친 위로와 근거 없는 부추김으로 가득찬 경우로, 이는 오히려 독이 되기 쉽다. 안타깝게도 실비아 씨가 종교처럼 맹신했던 자기계발서들은 하나같이 무책임하고 근거 없는 약속들만 난무하는 주술서 수준에 가까운 책들뿐이었다. 현실적 여건과 미래의 전망, 그리고 개개인이 처한 복잡하고도 다양한 상황의 고려 없이 꿈이나 희망 같은 반짝이는 단어들만 강조한 책들이었다. 그러면서도 결론은 늘 '법칙'과 같은 거창한 단어로 마무리되었다. 하지만 아무 말이나 나열한다고 다 문학이 되는 게 아니듯이, '법칙'을 갖다붙인다고 다 과학이 되는 건 아니다.

물론 꿈을 꾸는 일은 중요하다. 하지만 꿈꾸는 것만으로 인생이 바뀔 정도로 우리가 처한 현실은 녹록하지 않다. 간절하게 바라면 모든 게 잘 해결된다는 명쾌하고도 단정적인 해법을 제시하는 건 환자의 성별, 나이, 신체 및 정신 상태 등은 고려하지 않고 비타민C만 잘 챙겨 먹으면 병에 안 걸린다고 말하는 것만큼이나 무책임한 태도다. 경우에 따라 치명적인 결과를 불러올 수도 있다. '힐링'이 아니라 '킬링'에 가까운 셈이다. 병은 사람을 못 죽여도 잘못 처방된 약은 사람을 죽이는 법이라고 했다.

꿈에 취한 실비아 씨의 확신과는 달리, 이건 분명한 위기였다. 하지만 앞서 말했듯이 사람들은 막상 위기가 눈앞까지 다가와도 그것이 위기임을 잘 인지하지 못한다. 흔히 위기는 기회라는 말을 하지만, 사실은 그 반대인 경우가 더 많다. 위기가 기회가 되는 순간보다 기회라고 생각했던 것이 실상은 위기인 경우가 훨씬 더 많은 것이다. 화려한 언변과 교묘한 심리 플레이가 곁들여지면 위기가 기회로 둔갑하는 건 한순간이다. 간절하게 꿈꾸기만 하면 기회가 거짓말처럼 현관 앞까지 굴러들어올 거라 믿는 실비아 씨 같은 사람들이 이러한 트릭을 꿰뚫어볼 확률은 제로에 가깝다.

어쨌든 실비아 씨의 끈질긴 설득 끝에 로메로 씨는 아내의 결정에 따르기로 했다. 그리고 옐로캡 면허증을 구매하기 위해 그동안 세차장에서 일하며 모아둔 돈을 모조리 지불했다. 이것만으로는 부족해 무려 100만 달러가 넘는 대출계약서에도 서명했다. 그때 브로커만 알고, 실비아 씨 부부는 몰랐던 것이 있다. 당시 옐로캡 면허증 시장의 버블이 언제 터져도 이상할 게 없는 포화 상태였다는 사실이다.

곤두박질친 면허증의 가치

옐로캡 면허증은 분명 가치 있는 재산이었지만, 100만 달러 이상을 호가할 정도는 아니었다. 사실 그랬던 적이 단 한 번도 없었다. 아무리 뉴욕의 물가가 비싸다고 해도 고작 면허증 하나의 가격이 12억 원을 훌쩍 뛰어넘는다는 게 말이 되는가. 게다가 면허증이 발급된 이래 택시 운전기사들의 수입과 뉴욕의 인구는 크게 늘지 않았다. 유독 면허증의 가격만 10년 사이에 무려 네 배 이상이나 치솟았다는 건 누가 봐도 분명 이상한 일이었다. 절대 자연스러운 현상은 아니었던 것이다.

여기에는 비하인드 스토리가 있다. 면허증의 가격이 본격적으로 폭등하기 시작한 때는 2008년 서브프라임 모기지 사태 이후부터다. 당시 부동산 시장이 무너지고 난 뒤 새로운 시장을 찾고 있던 은행과 대출업체 들은 택시 산업이라는 새로운 땅에서 그 기회를 발견했다. 저소득층에다가 이민자 출신이 대부분인 택시 운전기사들을 상대로 높은 이자율과 각종 융자 개시 수수료, 법무 관련 수수료, 서비스료, 차환 수수료 등 착취적인 조항들을 대출계약에 끼워넣으면 큰돈을 벌 수 있다고 판단한 것이다.[11] 위험부담은 컸지만, 언제나 안정적인 성장세를 보였던 옐로캡 면허증을 생각해보면 그를 상쇄하고도 남는 수익률을 기대할 수 있었다.

하지만 여기에도 작은 문제가 있었다. 애초에 신용등급과 수입이 상대적으로 낮은 운전기사들에게 대놓고 막대한 양의 대출을 쉽게 풀어줄 수는 없었다. 그러나 이 문제는 너무도 간단히 해결되었다. 우선 거대 은행들은 브로커들에게 돈을 건넸다. 그럼 브로커들은 그 돈을 운전기사들에게 대출해줬다. 이제 운전기사들에게 돈을 대출해주는 건 브로커들이었기 때문에, 이러한 거래는 대형 은행들에 적용되는 감시와 규제로부터 자유로웠다. 덕분에 은행과 사설 대출업체 들은 운전기사들에게 감당할 수 없는 액수의 융자를 제공하며 막대한 수익을 챙겼다.

브로커들 역시 운전기사들의 대출 원리금에서 수수료를 떼어가는 식으로 자기 몫을 톡톡히 챙겼다. 옐로캡 면허증 대출 사업에 진출한 대출업자 중 한 명은 불과 몇 년 사이에 어찌나 많은 돈을 쓸어 모았는지, 미국 최대 스톡카 경주 시리즈인 나스카NASCAR 팀 중 하나를 인수해버렸을 정도다. 브로커들 또한 그 정도는 아니지만 대저택 몇 채와 요트 한두 대를 구입할 정도의 짭짤한 수익을 올렸다. 이들이 챙길 거 다 챙기고 슬슬 시장을 빠져나갈 즈음, 라이드 셰어링 서비스란 신기술을 장착한 업체들이 무섭게 성장하며 택시업계를 위협하기 시작했다. 그러고 얼마 안 가 옐로캡 면허증의 가치는 곤두박질치기 시작했다.[12]

그로부터 몇 년 뒤인 지금, 실비아 씨 부부의 현재는 어둡기만 하다. 면허증의 가격은 폭락에 폭락을 거듭했고, 택시 운전기사의 평균 수입도 그 정도까진 아니지만 매년 10퍼센트씩 감소하고 있는 추세다. 로메로 씨는 매일 열두 시간이 넘는 살인적인 운행 스케줄을 소화하고 있지만, 지금으로써는 대출금의 이자만 갚기도 버거운 형편이다.

실비아 씨의 상황은 더 좋지 않다. 실비아 씨는 출구가 보이지 않는 이 상황을 타개해보고자 몇 개월 전부터 일을 시작했다. 이것만 제대로 먹히면 빚 같은 건 한 방에 해결된다는 이웃의 말만 믿고 시작한 사업이었다. 라틴 아메리카 출신의 저소득층 이민자들이 밀집된 동네를 집중적으로 돌며 허위 광고를 통해 온갖 취사도구를 값비싸게 팔아넘기는 일이었다. 물론 저소득층 이민자들은 냄비 세트에 큰돈을 지불할 능력이 없었다. 그래서 높은 할부 이자를 붙여 냄비 한 세트를 수백만 원대에 팔아치우는 방식을 썼다. 이 과정에서 가격을 속이는 사기행위도 빈번히 일어났다. 그러니까 실비아 씨는 검사실에 피해자 신분으로 온 게 아니었다. 그들 부부에게 찾아온 두 번째 위기였다.

그녀를 기소하지 않은 이유

비록 짧은 시간이었지만, 실비아 씨는 검사실에 앉아 있는 내내 마치 대야를 뒤엎은 것처럼 많은 양의 눈물을 쏟아냈다. 특히 남편에 대한 이야기가 나올 때면 꺽꺽거리는 소리를 내며 흐느꼈다. 그녀의 안타까운 심정이 전해지지 않은 건 아니었지만, 그렇다고 그녀를 위로해줄 수도 없는 노릇이었다. 침묵만 첩첩 쌓여 가는 와중에 나는 그녀가 왜 이런 무모한 선택을 했는지에 대해 생각해봤다. 그녀가 정말로 이 사업만 잘되면 그들 부부를 무겁게 짓누르고 있는 진흙 같은 현실이 해결될 수 있다고 믿었을 것 같지는 않았다. 그보다는 자신의 경솔함이 만들어낸 결과 때문에 매일 피곤에 절어 돌아오는 남편에 대한 죄스러운 마음이 더 컸을 것이다. 때문에 나가서 무언가라도 하지 않으면 견딜 수 없었을 것이다. 그게 아마도 '이것만' 잘되면 다 해결될 거라는 이웃의 말에 실비아 씨가 그리 쉽게 넘어갔던 이유일지도 모르겠다는 생각이 들었다.

하지만 단언컨대, 이 세상에서 '이것만'으로 이루어지는 건 단 하나도 없다. 자기계발서에서 흔히 강조하는 꿈을 꾸는 일만으로 이루어지는 것도 없고, 의지나 노력만으로 해결되는 것도 많지 않다. 그렇기에 '이것만'이 세상만사에 대한 명쾌한 해답이라고 주장하는 사람들은 일단 의심해보는 게 좋다. 어쩌면 그들은 점점 더 복잡해지고 모호해져가는 이 세상에서 단순한 해답을 갈망하는 사람들의 심리를 교묘하게 이용하려는 것일지도 모르니 말이다. 그들의 진짜 관심은 사람들의 문제를 해결해줄 열쇠에 있는 게 아니라 사람들의 지갑을 열 열쇠에 있는 것인지도 모른다.

나는 실비아 씨를 그냥 보내줬다. 대신 실비아 씨의 고용주였던 주방용품회사에 대한 소환장을 곧바로 작성했다. 내 결정에 부장도 말없이 고개를 끄덕였다. 표정을 보아하니 별 불만은 없는 듯했다. 약탈적 마케팅방식을 조직적으로 기획한 건 실비아 씨가 아니라 주방용품회사였다. 물론 실비아 씨가 그 계획에 가담한 건 사실이지만 그녀는 그저 작은 부품에 불과했다. 그녀에게 벌금 조금 더 물린다고 크게 바뀔 것도 없을뿐더러, 애초에 실비아 씨에게는 벌금을 지불할 능력조차 없어 보였다. 줄자나 각도기 쓰듯 모든 것을 정확하게 계산하는 처벌만이 능사는 아니라고 생각했다. 실비아 씨 부부는 이미 몇 번의 위기를 겪었고, 그로 인해 크나큰 상처를 입었다. 부부는 앞으로도 꽤 오랜 시간 동안 삶의 많은 부분에서 결락을 느끼며 살아갈 것이다.

'행복한 국민, 정의로운 검찰'이 대한민국 검찰의 좌우명이듯이, 미국 검사들은 '검사의 고객은 정의다'라는 말을 좌우명처럼 즐겨 쓴다. 처음 이 일을 시작했을 때, 나는 이 정의라는 것이 단단하고도 올곧아야 한다고 믿었다. 개개인의 입장과 상황에 따라 이리저리 갈팡질팡 움직이는 것은 정의롭지 못하다고 생각했다. 그것은 공정성의 원칙을 훼손시키는 것이라 여겼다.

하지만 실비아 씨 같은 사람들을 마주할수록 이런 믿음도 흔들리고, 그와 함께 정의관도 조금씩 물러지는 기분이다. 실비아 씨 부부에게는 처벌과 질책이 아닌 새로운 삶을 시작할 기회와 희망이 절실해 보였다. 기회와 희망이 필요한 사람들은 그들만이 아닐 것이다. 우리 사회에 만연해 있는 불행과 무기력함, 구조적인 불평등과 빈곤 앞에서 엄격하고 기계적인 법 집행만이 정답은 아닌 것 같았다. 어찌되었든 조금의 희망이라도 있어야 사회가 유지되지 않겠는가.

물론 '희망만'으로 실비아 씨 부부의 삶이 좋아지지는 않을 것이다. 하지만 일단 지금은 희망만이 내가 그들에게 줄 수 있는 전부였다. 아쉽지만 거기에서 위안을 얻을 수밖에 없었다.

'약의 제국'인가,
'악의 제국'인가

뉴욕 메트로폴리탄 미술관.

FDA.

히스 레저.

모두 한 번쯤은 들어본 이름들일 것이다. 아시다시피 메트로폴리탄 미술관은 전 세계 곳곳의 유물과 작품 들, 심지어는 고대 문명의 신전까지 통째로 옮겨놓은 뉴욕 최대의 미술관이자 박물관이다. 우리에게는 FDA로 더 잘 알려져 있는 미국 식품의약국은 우리나라 식품의약품안전처처럼 식품과 의약품을 관리 및 규제하는 연방 정부기관이다. 마지막으로 히스 레저는 영화 〈다크 나이트〉에서의 신들린 연기로 아카데미 남우조연상까지 수상한,

이제는 고인이 된 유명 배우의 이름이다.

서로 큰 연관이 없어 보이는 이름들이지만, 사실 이들에게는 하나의 공통분모가 있다. 그리고 이 공통분모에는 미국 내에서 가장 부유하고 막강한 영향력을 행사해온 가문 하나가 연루되어 있다. 할리우드 영화의 시나리오 같은 얘기로 들리겠지만, 실제로 현실에서 벌어진 일이다.

미국을 대표하는 부자들인 빌 게이츠와 워런 버핏을 모르는 사람은 아마 없을 것이다. 한때 미국 최고의 부자 가문이었던, 그래서 이제는 부의 대명사가 되어버린 이름인 스탠더드오일의 록펠러 가문을 모르는 사람도 없을 것이다. 하지만 새클러Sackler는 많은 사람들에게 생소한 이름이다. 그만큼 일반 대중들에게 새클러 가문은 잘 알려져 있지 않다. 하지만 평소 미술관에 즐겨 가는 사람이라면 새클러란 이름을 분명히 어딘가에서 본 적이 있을 것이다. 메트로폴리탄 미술관, 구겐하임 미술관, 브루클린 미술관, 하버드대학교 미술관, 스미스소니언 박물관, 루브르 박물관, 대영박물관 등 전 세계 유명 미술관과 박물관 도처에 이들의 이름을 딴 건물이나 전시관이 한두 개쯤은 있기 때문이다.[13]

이들의 영향력은 미술계에만 국한되어 있지 않다. 새클러 가문은 학계에서도 자선 사업으로 널리 알려져 있다. 미국 내에 위치한 컬럼비아대학교와 터프츠대학교뿐 아니라 영국의 옥스퍼드

대학교와 케임브리지대학교, 심지어는 이스라엘의 텔아비브대학교에도 이들의 이름을 딴 도서관이나 연구소가 있을 정도다.[14] 이쯤 되면 도대체 뭐하는 집안이길래 미국뿐 아니라 전 세계 주요 도시에 자리한 미술관과 대학교 어디에서든 이들의 이름을 볼 수 있는 것일까 하는 궁금증이 생길 만하다.

새클러 가문은 제약회사 퍼듀 파마Purdue Pharma의 소유주로서 의약품을 팔아 억만장자가 됐다. 그런데 퍼듀 파마는 조금 뜬금없는 회사명이라고 볼 수 있다. 유명 제약회사들은 대개 소유주의 이름을 따르기 때문이다. 비아그라와 애드빌로 유명한 파이저는 창업주인 찰스 파이저의 이름을 쓰고 있고, 베이비파우더와 로션으로 유명한 존슨앤드존슨도 공동 창업자인 로버트 존슨과 제임스 존슨의 이름을 딴 회사다.

그렇다면 전 세계 미술관들과 명문대들에 매년 수천만 달러의 기부금을 뿌리면서까지 이름을 내세우기 좋아하는 이들이 대체 왜 회사명에선 자신들의 이름을 쏙 뺀 것일까? 그건 퍼듀 파마가 마약성 진통제인 오피오이드Opioid 계열의 옥시콘틴Oxycontin이라는 제품을 제조 판매해온 회사란 사실과 깊은 관련이 있다.

일단 퍼듀 파마의 기원부터 살펴볼 필요가 있다. 원래 퍼듀 파마는 맨해튼의 그리니치빌리지에 위치한 퍼듀 프레더릭이란 이름의 작은 제약회사였다. 퍼듀 프레더릭은 1952년 브루클린 출신의 유대계 삼 형제에게 팔리게 되는데, 이들이 바로 아서 새클러Arthur Sackler, 모티머 새클러Mortimer Sackler, 그리고 레이먼드 새클러Raymond Sackler 형제다. 그중 맏형인 아서는 의사이기도 했지만, 그보다는 광고와 영업에 능수능란한 마케팅 전문가로서 더 큰 소질을 보였다고 한다. 실제로 아서 새클러는 의대에 진학하기 전 윌리엄 더글러스 맥애덤스William Douglas McAdams라는 작은 광고회사에서 카피라이터로 일하면서 학비를 벌었는데, 어찌나 일을 잘했던지 몇 년 뒤에는 자신이 일하던 회사를 아예 사버렸다고 한다.[15]

마케터로서의 아서 새클러는 천재였다는 평이 많다. 대부분의 사람들은 들어보지도 못한 '의료 광고 명예의 전당Medical Advertising Hall of Frame'이란 곳에 첫 번째 헌정자로 선정되기도 했다. 실제로 그는 마치 미국 드라마 〈매드맨〉에 나오는 돈 드레이퍼와 같은 번뜩이는 직감을 갖고 있었던 듯하다. 그 번뜩임의 한 예로, 아서 새클러는 의료제품들에 대한 광고를 기획할 때 환자들뿐 아니라 의사들까지 같이 염두에 둔 최초의 마케터였다고 한다. 약을 팔기 위해선 그 약을 복용하는 환자에게 어필하는 것도 중요하지만, 그 약을 처방하는 의료인에게 직접 어필하는 것이 훨씬 더 중요하다는 판단에서였다. 마치 기저귀를 직접 착용하는 것은 아기들이지만 진짜 판매 대상은 구매를 결정하는 어머니들인 것처럼 말이다. 그래서 아서 새클러는 언제나 의료인들에게 직접적으로 약품을 어필했다. 의사들이 읽는 의학 학술지에 화려한 광고들을 실었고, 의사들이 동료들의 의견에 지대한 영향을 받는다는 사실을 파악한 뒤로는 권위 있는 전문가들을 섭외해 자신의 제품들을 보증하게 했다. FDA의 항생제 부서 수장인 헨리 웰치Henry Welch를 돈으로 매수하기도 했고, 『메디컬 트리뷴』이라는 의료 주간지를 발행해 60만 명의 의사들에게 제품을 적극적으로 홍보했다.[16]

이러한 아서 새클러의 철학을 그대로 물려받은 새클러 가문의 2세들은 퍼듀 파마가 1995년 옥시콘틴을 출시했을 때에도 공격적인 마케팅을 개시했다. 사실 옥시콘틴은 출시 당시에만 하더라도 논란이 많은 제품이었다. 옥시콘틴의 주성분인 옥시코돈Oxycodone은 헤로인의 화학적 사촌뻘로, 모르핀보다 두 배까지 더 강력한 약효를 낼 수 있는 진통제였다. 전문가들과 의사들은 오피오이드의 강력한 중독성에 대한 우려를 표하며 남용 가능성이 높다고 경고했다. 당시 FDA의 수장이었던 데이비드 케슬러David Kessler는 '단언컨대, 오피오이드만큼 위험한 약품은 없다'라고 말하기도 했다.[17]

퍼듀 파마는 이 같은 합리적 비판에 맞서 공격적으로 대응했다. 우선 캘리포니아나 플로리다에 위치한 날씨 좋고 전망 좋은 도시들만 선별해 학회를 열었다. 그리고 학회에 초대된 의사들에게는 여행 경비를 전액 지원해줬다. 콘퍼런스 장소도 하필이면 너무나도 편리하게 골프장 근처에 예약했다. 사실상 무료 골프 여행이었다. 나아가 의대 교수들에게는 연구 지원금을 아낌없이 지원했다. 의학잡지에도 천문학적인 금액의 광고비를 쏟아부었고, 정치인들에게 또한 통 큰 기부금을 투척했다.[18] 퍼듀 파마는 영업사원들에게도 파격적인 커미션을 약속했는데, 일반사원에게 실적에 따라 하와이 초호화 여행권을 선물하거나 최대 수십만 달러에 달하는 보너스를 지급했다. 사내 예산부는 영업부를 공공연하게 '가장 중요한 자산'이라고 부를 정도였고, 그를 증명이라도 하듯 2001년 한 해에만 무려 4000만 달러가 넘는 예산을 영업부를 위한 보너스로 쏟아부었다.[19] 영업부는 실적에 상응하는 보너스를 얻기 위해 일반 개업의뿐 아니라 치과, 산부인과, 내과, 레지던트, 그리고 간호원까지 홍보 대상을 폭넓게 확장시켰다. 그 과정에서 영업사원들이 옥시콘틴의 중독성이나 위험성을 축소했음은 물론이다.[20]

매일 200명의 미국인이 죽고 있다

그러자 신기한 일이 벌어졌다. 우려를 표하던 전문가들은 초기의 입장을 고수했지만, 중립적 입장을 취하던 전문가들과 의사들은 갑자기 옥시콘틴에 우호적인 기사나 발언을 쏟아내기 시작했다. 그들은 미국 의료계가 너무 보수적이고 편협한 시각에 갇혀 있다며 옥시콘틴 비판론자들을 강도 높게 비난했다. 당시 진통제 분야 최고 권위자 중 한 명이었던 뉴욕 메모리얼 슬론 케터링 암센터Memorial Sloan Kettering Cancer Center 소속의 러셀 포테노이Russell Portenoy 박사는 오피오이드 계열 진통제들은 '큰 부작용 없이 장기간 복용 가능하며', '오피오이드 공포증'으로 대표되는 오피오이드의 중독성에 대한 우려는 단순한 '의학적 미신'에 불과하다고 주장했다. 그리고 오피오이드는 인류를 고통에서부터 구원해줄 '자연의 선물'이라는, 의학자가 쓰기에는 다소 거창하고 과한 표현까지 써가며 이 약을 옹호했다.[21] 존경받는 의학자라면 사실과 양심에 의거한 정확한 판단을 내려야 했건만, 그러기엔 그가 그동안 퍼듀 파마로부터 받아온 지원금이 과하게 많았던 것 같다.

자연의 선물이라는 표현까지 써가며 오피오이드의 확산을 주장한 포테노이 박사의 열변에 감동받았는지, 얼마 안 가 의약품에 대한 철저한 관리와 규제가 목적인 FDA까지 옥시콘틴 찬양 열풍에 힘을 보탰다. 출시 당시인 1995년에만 해도 옥시콘틴은 수술 후 짧은 기간 동안만 복용하는 단기 복용 진통제였다. 하지만 FDA가 옥시콘틴이 장기 복용 치료제라고 결론 내림으로써 퍼듀 파마는 옥시콘틴 판매를 비약적으로 증대할 수 있었다. 신기하게도 옥시콘틴의 심사를 담당했던 FDA 소속의 커티스 라이트

Curtis Wright 심사관과 더글러스 크레이머Douglas Kramer 심사관은 2년 후 고액의 연봉을 보장받으며 퍼듀 파마의 간부로 들어갔다. 여러모로 의약품업계에 1995년은 기적의 해였던 것이다.

결국 그 누구도 옥시콘틴 처방이 남발되는 걸 막을 수 없었다. 의사들은 웬만한 통증을 느끼는 환자에게는 진통 효과가 좋다는 옥시콘틴을 무분별하게 처방했다. 결국 옥시콘틴은 시판한 지 얼마 지나지 않아 당시 약품계의 베스트셀러였던 비아그라의 판매 수치를 넘어섰다. 1997년 67만 건의 처방 횟수를 찍더니 2002년에는 620만 건을 가뿐히 돌파했다. 매출 또한 1996년의 4800만 달러에서 2000년에는 1억 달러 이상으로 폭등했다.[22] 그 후로도 옥시콘틴의 처방과 매출은 꾸준히 늘었고, 그 결과 새클러 가문은 옥시콘틴의 판매를 통해서만 2008년부터 2016년 사이에 무려 40억 달러의 수입을 벌어들인 것으로 알려졌다.[23]

그와 함께 마약성 진통제를 복용한 미국인 역시 2억 명을 넘게 되었는데, 문제는 중독자와 사망자 역시 급증했다는 사실이다. 수많은 환자들이 금단 증상을 피하기 위해 꾸준히 복용량을 늘렸고, 그러다가 차츰 약물중독에 빠진 것이 발단이었다. 오피오이드의 확산과 함께 헤로인 사용도 급증하게 되었는데, 이미 옥시콘틴에 중독된 환자들이 옥시콘틴보다 저렴하고 구하기 쉬운 헤로인에 의존했기 때문이다.

결국 2000년대에 들어서 전직 뉴욕 경찰이 동네 약국을 털며 옥시콘틴을 훔치는 말도 안 되는 해프닝이 벌어지고, 유명 라디오 호스트 러시 림보Rush Limbaugh가 옥시콘틴을 불법처방받다가 경찰에 체포되는 상황도 발생했다. 2008년 우리 곁을 떠난 명배우 히스 레저도 옥시콘틴 등의 약물 과다 복용이 사인이었다.[24] 1999년부터 2017년 사이에만 21만 8000여 명이 옥시콘틴 과다 복용으로 사망한 것으로 드러났다. 미국 질병통제예방센터에 따르면, 오피오이드 남용으로 미국 내에서 매일 200명 가량의 사람들이, 뉴욕에서만 매일 아홉 명이 사망하고 있다고 한다.

하지만 이토록 사태가 심각해지는 와중에도 퍼듀 파마의 수장이었던 리처드 새클러는 약물 과다 복용 문제는 환자들 개인의 잘못이라며 그들을 '난폭한 범죄자'라 비난했다. 심지어 그러는 와중에도 금단 증상과 중독 증상에 빠진 환자들을 대상으로 판매할 중독 완화 약품을 개발해 수익을 올리려는, 인간이라면 차마 생각해낼 수 없는 사악한 계획을 세우기도 했다.[25] 퍼듀 파마는 '약의 제국'이 아닌 '악의 제국'이었던 것이다.

그래 봤자 사람, 그래도 사람

사람의 생명과 직결되는 만큼, 의약품업계에는 다른 업계보다 많은 규제들이 적용된다. 그런데 퍼듀 파마 사태는 이 많은 규제들이 막대한 자본과 인맥으로 얼마나 허망하게 무력화될 수 있는지 보여준다. 그동안 검사실에서 상식을 벗어난 사람들을 수없이 만났지만, 적어도 그들은 사람을 죽이지는 않았다. 하지만 이번 사건은 달랐다. 탐욕과 부정부패가 단순한 해악의 정도를 넘어서 한두 명도 아닌 수십만 명의 목숨을 앗아가고 있었다.

사건이 사건이니만큼 퍼듀 파마에 대한 조사 역시 미국 전역에서 동시다발적으로 진행되었다. 그 결과 퍼듀 파마는 현재 플로리다, 노스캐롤라이나, 매사추세츠, 텍사스를 포함한 36개 주 검찰에서 기소당한 상태이다. 최근에는 오클라호마주 검찰이 퍼듀 파마로부터 2.7억 달러에 달하는 손해배상금을 받는 합의를 이끌어내기도 했다.

뉴욕 역시 이번 오피오이드 사건에 대규모 인력을 투입했다. 나는 정년을 앞둔 30년 경력의 베테랑 선배와 짝을 맞춰 퍼듀 파마 측의 자료들을 검토했는데, 그 양이 실로 어마어마했다. 내가 맡은 자료는 주로 회사 측에서 제출한 사내 이메일이었는데, 수천 개에 달하는 이메일을 읽자니 눈이 빠질 지경이었다. 어느 날, 미간을 찡그리며 서류들을 검토하는 내 표정이 너무 어두워 보였는지 선배가 이런 말을 한 적이 있다.

사람을, 그리고 세상을 너무 믿지 말라는 것이었다.

선배도 어렸을 땐 세상이 확실히 좋아질 거라고 생각했다고 한다. 그가 젊었을 땐 비틀스가 자유와 낭만을 노래하고, 흑인 및 여성 인권운동이 힘차게 태동하던 풍요와 낙관의 시대였다. 젊은이들은 좋은 교육을 받았고, 이상에 불타고 있었으며, 무엇보다 세상을 바꿀 수 있다는 믿음으로 가득했다고 한다. 물론 그런 그들이 어른이 된 지금, 애석하게도 그들이 꿈꾸던 이상 사회는 도래하지 않았다. 차별도, 폭력도, 부조리도, 그리고 이번 사건을 통해서 잘 알 수 있듯이 인간의 탐욕과 이기심도 줄어들지 않았다. 그러니 너무 큰 변화에 대한 기대를 품지는 말라고 했다. 그 말을 하면서 날 위로하려는 선배의 얼굴이 멋져 보이면서도, 또 한편으로는 어딘가 쓸쓸하고 슬퍼 보였다.

집에 돌아오는 길에 선배가 한 말에 대해 곰곰이 생각해보았다. 그러고 보니 미국 작가 레이먼드 챈들러 역시 '법은 완전한 정의가 아니다. 오히려 불완전한 기구에 가깝다. 제대로 된 버튼 몇 개를 맞게 누른다면 운 좋게 정의를 맛볼 수도 있겠지만 꼭 그러리라는 보장은 없다. 법은 그저 기구일 뿐 그 이상도 그 이하도 아니다'라는 말을 한 적이 있다. 법이 완전한 정의를 가져다주리란 기대를 버리라고 경고한 것이다. 그러니 어쩌면 선배의 말대로 완전한 정의가 살아 숨쉬는 유토피아에 대한 기대는 헛된 바람일지도 모른다. 그리고 선배의 시대에 유토피아가 도래하지 않았듯이, 내 시대에도 유토피아는 도래하지 않을 가능성이 높다. 개츠비가 닿을 수 없는 거리에서 늘 애타는 마음으로 바라보았던 초록색 불빛처럼, 어쩌면 근본적인 변화는 영원히 이룰 수 없는 아름다운 꿈에 불과한 것일지도 모른다.

실제로 우리는 정의로운 사회에 대한 희망을 품기 힘든 세상에 살고 있다. 로버트슨 씨와 같은 고용주가 직원들의 땀과 노력을 훔쳐가는 세상이고, 인간의 가장 숭고하고도 취약한 사랑이라는 감정을 짓밟는 마커스 같은 사람들이 판치는 세상이다. 가난은 가난으로 대물림되며, 그 죄는 결국 더 큰 죄로 되돌아와 리웨이 씨와 같은 사람들의 시간과 목숨을 앗아가고 있다. 리처드 씨와 같은 혐오주의자들이 사회적 약자들의 약점을 파고들고, 새클러 가문과 같이 모든 걸 넘치게 가진 사람들이 더 베풀기는커녕 조금이라도 더 갖기 위해 수십만의 생명을 농락하는 세상이다.

그렇기에 선배는 그런 쓸쓸하고 슬픈 표정을 지을 수밖에 없었을 것이다. 그리고 사람에 대한 믿음과 세상에 대한 기대를 줄이라고 말할 수밖에 없었을 것이다. 이런 세상에선 우리 모두 부러지고 꺾일 수밖에 없다. 하지만 크게 낙담할 필요는 없다. 우리는 '죽음'이라는 인생의 스포일러를 알면서도 계속 인생을 살아간다. 마찬가지로 우리는 '완전한 정의'는 없을 것이라는 사실을 알면서도 그곳에 더 가까이 다다르기 위해 노력하고 실험할 수 있다. 그리고 그 과정에서 우리는 서로를 위로할 수 있다. 선배가 내게 그랬던 것처럼 말이다.

선배가 검찰청에서 근무를 시작할 당시에만 해도 그의 부서에 여자는 거의 없었다고 한다. 그런데 지금은 우리 부서에만 열 명이 넘는다. 절반 가량이 여자인 데다가, 부장도 여자다. 그 시절에는 나와 같은 한국계 검사 또한 없었다고 한다. 하지만 지금은 이렇게 내가 있다. 그리고 앞으로 점점 더 많아질 것이다. 이런 것들은 한편으론 작은 변화에 불과하지만, 어떻게 보면 분명히 의미있는 변화라고 볼 수 있다. 내가 언제까지 이곳을 지키고 있을지는 모르겠지만, 만약 선배만큼 오래 있게 된다면 그때는 또 그만큼의 작고 의미 있는 변화가 눈에 보일 것이다. 조금은 느리고 답답하더라도, 우리는 그렇게 조금씩 나아가면 되는 것이다.

'그래 봤자 바둑, 그래도 바둑'이라는 조치훈 9단의 말처럼, 그래 봤자 세상은 쉽게 변하지 않겠지만, 그래도 시도해보는 수밖에 없다. 그래 봤자 나약하고 부족한 사람들이지만, 그래도 사람을 위로하고 구원할 수 있는 것은 사람밖에 없다. 이 자명한 윤리를, 이 단순 명료한 진실을, 전쟁 같은 세상 속에서 잊지 않고 살아가려면 끊임없이 외치는 수밖에 없다. 세상의 중심인 우리 모두가 말이다.

그래 봤자 사람이지만, 그래도 사람이라고.

3장

우리는 무슨 질문을 던져야 하는가

정의의 빈틈, 인간의 과제

공정의 두 얼굴:
사회정의란 무엇인가

나는 언제나 소박하고 단순한 것들에 끌리는 편이다. 이를테면 각종 장신구나 포스터가 덕지덕지 달려 있는 소위 '힙'하다는 레스토랑보다는 너덜거리는 간판 하나만 달랑 걸려 있는 노포가 더 좋고, 복잡한 패턴 셔츠보다는 무난한 단색 셔츠에 더 끌리는 식이다. 그런데 어쩌다 직장에서만큼은 '사회정의부Social Justice Division'라는 거창한 이름을 가진 부서에 몸담게 되었다. 공정한 법 집행을 통해 사회정의를 구현하자는 의미에서 이렇게 거창한 이름이 붙었다고 한다.

그렇다면 우리 부서의 존재 이유라고도 할 수 있는 이 '사회정의'란 대체 무엇일까? 사실 나는 이 어려운 질문을 로스쿨 1학년 때 한 번 받은 적이 있다. 그때 나는 수업에서 영혼이 반쯤 빠져나간 얼굴로 신나게 멍때리다 기습적으로 이 질문을 받았다. 예상치 못한 질문에 반쯤 남아 있던 영혼마저 가출해버려 엄청나게 버벅거렸던 기억이 난다. 그 당시 나는 '사회'에 대한 이해도 부족했고, '정의'가 무엇인지도 확실히 알지 못했다. 결국 땀을 삘삘 흘리며 난처해하던 나를 안쓰럽게 바라보던 학생 하나가 손을 들어 대신 설명해주었고, 공개적으로 망신을 당하며 배워서인지 그때 배운 사회정의의 의미는 아직도 꽤 선명하게 남아 있다.

사회정의에 대해 이야기할 때 빼놓을 수 없는 인물이 바로 존 롤스다. 『정의론』의 저자로 잘 알려져 있는 롤스는 40년 동안 '정의'라는 주제만 파고든 학자로도 유명하다. 롤스가 사회정의라는 개념 자체를 새롭게 창시한 건 아니다. 사실 사회정의는 긴 역사를 갖고 있는 개념이다. 프랑스혁명 때부터 본격적으로 꽃피우긴 했지만, 플라톤이 살았던 고대 그리스 시절에도 관념적으로나마 존재했다. 그런데도 사회정의를 거론할 때 빼놓을 수 없는 인물로 롤스를 꼽는 이유는, 그가 사회정의란 개념을 현대적으로 구체화시킨 정치철학자이기 때문이다. 프로게이머 임요환이 그저 인기 있는 '게임'에 불과했던 스타크래프트를 'e스포츠'의 경지로 끌어올렸듯이, 롤스 역시 사회정의의 개념을 현대적으로 발전시켜 이론화했다고 볼 수 있다.

이런 업적 때문인지 롤스는 20세기 최고의 정치철학자로 꼽힌다. 영국 철학자 조너선 울프Jonathan Wolff는 '20세기 두 번째로 중요한 정치철학자에 대한 논란은 있을 수 있겠으나 가장 중요한 정치철학자에 대한 논란은 있을 수 없다. 그 사람은 바로 롤스이다'라고 말한 바 있다. 롤스는 스물일곱 살에 하버드대학 교수가 되었다는 점, 그리고 하버드에서 정의에 관한 수업을 오랜 시간 동안 진행했다는 점에서 한때 우리나라에 '정의 열풍'을 몰고 온 『정의란 무엇인가』의 저자 마이클 샌델의 선배 격이라고도 볼 수 있다. 마이클 샌델 교수가 학계의 주목을 받기 시작한 때도 롤스의 『정의론』을 주제로 쓴 논문을 발표하고 나서부터다. 그만큼 도덕철학과 정치철학, 그중에서도 특히 '정의' 분야에서 롤스의 영향력은 독보적이라고 할 수 있다.

'결과'의 평등 vs. '기회'의 평등

설명이 길어졌는데, 아무튼 롤스는 사회정의에 대해 '모든 이에게 동등한 기본적 자유를 완벽하게 누릴 수 있도록 해야 하고, 최소 수혜자, 즉 사회적 약자들의 복지를 우선으로 배려해야 하며, 결과의 불평등은 존재할지언정 사회적 지위에 접근할 기회 자체는 균등하게 주어져야 하는 것'[1]이라고 정의했다. 즉 사회적으로 합의한 절차에 따라 사회 구성원들 모두에게 자유권, 행복추구권, 평등권 등의 기본권을 '공정'하게 보장하는 것이 사회정의라는 설명이다.

이렇듯 롤스가 말하는 사회정의의 핵심은 바로 '공정함'이다. 그는 '진리가 사상체계에 있어서 최고의 덕德이듯이 사회제도에 관한 최고의 덕은 공정公正이다'라고 말했다. 덧붙여 '진실이 아닌 이론은 아무리 명쾌하고 실용적이라도 변경되거나 배격돼야 하는 것과 마찬가지로, 불공정한 법과 제도 역시 아무리 효율적이고 잘 정리되었다 할지라도 개정되거나 폐기돼야 한다'고 주장했다.[2]

그런데 여기서 짚고 넘어가야 할 부분이 있다. 롤스가 강조하는 공정함을 무조건적인 평등과 혼동해서는 안 된다는 사실이다. '평등'은 워낙 보편적인 가치로 알려져 있기 때문에 맹목적으로 지켜야 한다고 믿기 쉽다. 하지만 꼭 그래야 하는 것은 아니다. 무조건적인 평등은 자칫 잘못하면 개인의 '차이'를 무시하는 결과로 이어질 수도 있기 때문이다.

우리 사회가 제공하는 사회적 약자 우대정책들은 이러한 개인의 상황 '차이'를 고려한 정책들이라고 볼 수 있다. 미국 대학들의 소수집단 우대정책Affirmative Action과 그와 비슷한 맥락인 우리나라 대학들의 기회균등선발 전형이 대표적인 예다. 부자들에게 더 많은 세금을 걷어가는 상속세나 누진세도 마찬가지다.

물론 이러한 정책들에 대한 비판의 목소리도 있다. 약자들을 배려하는 정책들이 오히려 '역차별'과 '불평등'을 야기한다는 주장이다. 하지만 이는 곡선 구간이 있는 200미터 육상 트랙에서 선수들이 각기 다른 출발점에서 시작하는 모습을 보고, 경기가 불공정하다고 생각하는 것과 마찬가지다. 출발점이 다르다는 '눈에 보이는 불평등'만 주목하고 레인마다 거리가 다르다는 '실질적인 불평등'은 놓치는 것이다. 육상경기에서 바깥쪽 레인에 있는 선수들을 더 가까이에서 출발하게 하고, 안쪽 레인에 있는 선수들을 더 멀리서 출발하게 하는 이유는 육상 트랙에 숨어 있는 '원의 둘레', 즉 각 레인마다 다른 거리의 차이를 고려했기 때문이다. 언뜻 역차별로 보이는 사회적 약자 우대정책들도 마찬가지다. 이러한 정책들이 사회적 약자들에게 혜택을 제공하는 이유는 우리 사회에 숨어 있는 '원의 둘레', 즉 이들이 처해 있는 온갖 불리한 조건들까지 고려했기 때문이다.

물론 개개인이 처한 '상황의 차이'에만 주목하느라 개개인의 '재능과 노력의 차이'를 간과해서도 안 된다. 다양하고도 모순적인 인간 사회는 구성원들이 처한 상황뿐 아니라 그들의 천부적인 재능과 노력 역시 어느 정도는 차이가 날 수밖에 없다. 축구를 좋아한다고 해서 모두 박지성처럼 맨체스터 유나이티드에서 뛸 수 있는 것은 아니고, 법을 공부한다고 해서 모두 루스 베이더 긴즈버그Ruth Bader Ginsburg와 같이 연방 대법관이 될 수 있는 것은 아니듯이 말이다. 게다가 박지성과 긴즈버그는 각각 평발이라는 신체적 약점과 여성이 받는 사회적 편견과 차별까지 개인의 재능과 노력으로 극복해낸 사람들이다. 이처럼 때론 불리한 조건을 가지고 시작한 이들이 상대적으로 월등한 결과물을 만들어내기도 하고, 유리한 조건에서 출발한 이들이 상대적으로 부족한 성과를 내기도 하는 것이 바로 사회다. 개인의 노력에 의한 차이까지 무시하는 맹목적인 평등의 추구는 공정하다고 할 수 없고, 오히려 사람들의 반감만 불러일으킨다.

롤스 역시 개인 간의 차이를 인정했다. 그래서 그는 '결과'의 평등이 아닌 '기회'의 평등을 강조한 것이다. 결국 롤스가 말하는 사회정의란 '평등한 결과'를 위해 참가 선수 모두에게 메달을 주자는 개념이 아니다. 다만 출발점을 조정해줌으로써 참가 선수 모두에게 '평등한 기회'를 제공해주자는 뜻이다. 즉 모두가 박지성과 긴즈버그가 될 수 있는 건 아니지만, 적어도 축구를 하고 싶은 아이들에게는 축구화를 살 돈이나 '인맥 축구'에 휘둘리지 않을 제도를 마련해주고, 또 법을 공부하고자 하는 사람들을 위해서는 터무니없이 높은 로스쿨 학비를 조정하거나 장학제도를 확장해서라도 진입장벽을 낮추자는 것이다. 한마디로 남자든 여자든, 부유하든 가난하든, 흑인이든 동양인이든, 결과를 떠나 일단 기회 자체는 모두에게 동일하게 주는 것이 사회정의의 기본이라고 할 수 있다.

공정한 기회를 제공함으로써 사회 구성원들 모두가 인간다운 삶을 꿈꿀 수 있는 사회는 참 멋진 이상인 것 같다. 그리고 이런 사회에 반대할 사람은 별로 없을 듯하다. 그런데 우리는 왜 아직 롤스가 말하는 공정한 사회를 건설하지 못한 걸까? 왜 사회정의 구현이라는 목표를 맞닥뜨리면 덜컥 겁부터 먹게 되는 걸까?

공정한 사회로 가는 길의 걸림돌

흔히들 공정한 사회로 가는 길의 가장 큰 걸림돌 중 하나로 인간의 이기심을 꼽는다. 토머스 홉스는 그의 대표작 『리바이어던』에서 '국가의 통제 없이는 인간의 근시안적인 이기심이 사회를 파멸시킬 것'이라는 실로 무시무시한 예언을 한 바 있다. 세계적인 사회학자이자 정치이론가 벤저민 바버 역시 평등과 정의의 가장 큰 적으로 인간의 탐욕과 이기심을 지목했다.[3] 우리는 태생적으로 이기적인 존재들이니, 그런 우리가 만든 사회 역시 공평한 기회와 공정한 분배보다는 약육강식 승자독식의 논리가 지배할 수밖에 없다는 것이다.

공정함이 가장 빈번하게 강조되는 분야인 스포츠를 예로 들어

보자. 스포츠에서는 공정성, 즉 페어플레이 정신이 언제나 엄중하게 요구된다. 선수들의 순결한 피와 정직한 땀이 흩뿌려지는 운동장이 더럽혀져서는 안 된다는 믿음에서다. 하지만 우리가 정말로 스포츠에서 완전무결한 공정성을 바라는지에 대해서는 조금 의심스럽다. 우리는 심판이 조금이라도 상대편에게 유리한 판정을 내리면 불같이 화를 낸다. 그런 판정이 두세 번 반복되기라도 할 시에는 이건 공정하지 못하다고 고래고래 소리치며 입에 거품을 물고 달려든다. 하지만 실상 우리가 화를 내는 이유는 그 결과가 공정하지 못해서가 아니다. 내가 응원하는 팀이 피해를 입고, 그로 인해 나까지 불이익을 입었다고 느껴서다.

진정 공정함을 추구한다면 본인이 응원하는 팀이 유리한 판정으로 혜택을 받게 되었을 때에도 심판이 판정을 번복하길 바라야 한다. 하지만 그런 사람은 많지 않다. 이런 경우 나를 포함한 대부분의 사람들은 '심판 판정도 시합의 일부'라는 스포츠계의 금과옥조와도 같은 말을 중얼거리며 반색한다. 대놓고 기뻐할 정도로 뻔뻔하지 못한 사람들은 '심판의 재량' 등을 운운하며 자기 자신마저 속이려 든다.

경기를 보는 관객만이 아니다. 스포츠계를 주름잡는 인사들 역시 마찬가지다. 제프 블라터Sepp Blatter 국제축구연맹FIFA 전 회장을 포함한 수많은 축구계 주요 인사들은 오랜 시간 동안 '오심도 경기의 일부'라며 비디오 판독을 용인하지 않겠다는 태도를 보여왔다. 더욱더 공정하고 예측 가능한 최신 기술 도입에 반대했던 이들의 주장은 한결같았다. 비디오 판독 기술은 심판의 권위를 떨어뜨린다는 것이다. 하지만 진정한 권위는 정확한 판정을 전제로 할 때에만 비로소 세워질 수 있다. 들쑥날쑥하고 자의적인 판정에서 나오는 건 '권위'가 아니라 '권력'이다. 더욱이 블라터 회장에 이어 미셸 플라티니Michel Platini 부회장까지 부패 혐의로 물러나는 모습을 보며 '땀의 대가'와 '페어플레이 정신'이 강조되는 스포츠계 역시 공정성보다는 권력과 이익에 휘둘리는 경우가 많다는 사실을 너무나도 잘 알게 되었다.

이렇듯 우리가 옳고 그름을 판단하는 기준은 '얼마나 공정한가'보다는 '얼마나 나에게 이익을 가져다주는가'인 경우가 많다. 너무 뻔뻔하고 이율배반적으로 느껴지지만, 이것 역시 인간의 단면 중 하나다. 인간의 이기적 본성을 뒷받침해주는 사례나 연구 결과도 인천 앞바다에 떠다니는 담배꽁초들만큼이나 차고 넘친다. 굳이 스포츠를 예로 들지 않더라도 말이다.

그중 가장 대표적인 사례는 뉴요커들을 포함한 전 세계인들에게 큰 충격과 공포를 안겨준 '키티 제노비스 사건'이다. 1964년에 발생한 이 사건은 키티 제노비스라는 20대 여성이 새벽 3시경 술집에서 야간 당번을 마치고 귀가하던 도중, 뉴욕 퀸스의 주택가에 위치한 자신의 아파트 앞에서 노상강도에게 살해당한 사건이다. 당시 《뉴욕타임스》의 보도에 의하면 제노비스는 무려 35분 동안 괴한에 격렬히 저항하며 큰 소리로 도움을 요청했다고 한다. 하지만 그 소리를 듣고 깬 38명이나 되는 이웃들 중 그 누구도 그녀를 구출하려 하지 않았다고 한다. 물론 말이 쉽지 이런 상황에 선뜻 개입하기란 그리 쉬운 일이 아니다. 영화 〈베테랑〉에 나오는 아트박스 사장의 오지랖은 마동석 정도의 팔뚝이 있어야 나올 수 있는 것이다. 대부분의 사람들은 당장 눈앞에 중학생들이 담배를 피우고 있어도 그 수가 세 명 이상이면 선불리 나서기를 꺼린다. 그렇게 보면 새벽 3시에, 그것도 흉기를 든 괴한과 맞서 싸우기 위해 집을 뛰쳐나가지 않았다고 이웃들을 싸잡아 욕하는 건 조금은 가혹한 처사라는 생각이 들지도 모르겠다.

하지만 이 사건의 핵심은 이웃들이 피해 여성을 구하기 위해 괴한과 싸우지 않았다는 게 아니다. 사람들이 분개한 이유는 이들이 신고조차 않았다는 데 있다. 창밖으로 일어나는 끔찍한 범행을 두 눈으로 똑똑히 목격하는 와중에도 말이다. 결국 뒤늦게 신고를 받은 경찰이 현장에 출동했을 땐 제노비스가 죽은 지 이미 20분이나 지난 시점이었다고 한다.

《뉴욕타임스》는 이 사건에 대해 '살인을 목격하고도 경찰에 신고하지 않은 38명'이라는 자극적인 제목을 뽑아 톱기사로 내보냈다. 이 기사가 미국 사회에 엄청난 후폭풍을 몰고 왔음은 물론이다. 사람들은 인간의 이기적 본성에 경악했다. 목격자가 많을수록 책임감은 줄어든다는 '제노비스 신드롬' 혹은 '방관자 효과'라는 심리학 용어들이 생겨났고, 신고 전화는 911로 일원화됐다. 제노비스 사건 취재를 지휘한 A.M. 로즌솔A.M. Rosenthal은 승승장구해 훗날 《뉴욕타임스》의 편집장이 되었다. 그리고 이 사건은 인간의 이기심과 냉정함, 그리고 타인의 고통에 대한 무관심을 논할 때 빠짐없이 회자되는 대표 사례로 자리잡았다.[4]

사회정의부가 돌아갈 수 있는 힘

그 후, 인간의 본성이 이기적이라는 의견은 20세기 후반 내내 우리 사회를 지배해왔다. 심리학자들은 서로를 찢어 죽이는 침팬지들의 포악성에 주목하며 인간의 본성이 90퍼센트 침팬지에 가깝다는 발표를 냈다. 경제학자들 중에선 신고전학파들이 이기심을 인간의 보편적 본성으로 상정했고, 정치학적 이념인 신자유주의 역시 인간의 이기적 본성에 입각해 시장만능주의를 주창했다. 1976년에는 사회진화론적 관점으로 인간의 이기심을 관찰한 리처드 도킨스의 『이기적 유전자』가 발표되어 전 세계적인 반향을 불러일으켰다.[5]

사회정의부에서 근무하는 나 역시 인간의 이기적 본성을 인정할 수밖에 없다. 사회정의부는 인권침해, 차별, 노동착취, 부동산 사기, 그리고 의료 사기와 같은 생활범죄들을 집중적으로 수사하는 부서다. 그렇다보니 우발적 범죄가 아닌 계획적 범죄를 주로 다루게 된다. 탐욕과 이기심, 그리고 타인의 고통에 대한 공감의 부재로 인해 벌어지는 범죄들을 매주 목격하면서도 인간은 순수하고 이타적인 존재라는 믿음을 견지하기는 쉽지 않다.

게다가 인간 본성에 대한 불신이 늘 나쁜 것만도 아니다. 애초에 인류가 피땀 흘려 이룩한 민주주의란 제도 역시 인간의 이기심을 기본 전제로 깔고 출발한다. 권력 분산을 통한 견제와 균형은 인간의 탐욕을 억제하려고 만들어진 제도적 장치들이다. 인간이 불안전한 존재라는 현실을 냉정하게 직시했기에 이와 같은 합리적인 대응안도 고안될 수 있었던 것이다.

문제는 요즘 들어 인간에 대한 불신이 '합리적 대응'이 아닌 '냉소주의적 비관'으로만 발현된다는 점이다. 인간은 원래 이기적이라는 인식에만 사로잡혀 '태생적 결함'이나 '구조적 문제'만 운운하다보니 '희망'이나 '이타심', '공감' 같은 단어들을 쓰는 건 너무 거창하거나 촌스럽거나 혹은 시대에 뒤처진 게 되어버렸다. 심지어 이런 단어들을 쓰면 위선적이라는 공격을 받기까지 한다.

하지만 인간 본성에 대한 희망을 가질 만한 이유는 비관할 이유만큼이나 차고 넘친다. 인간과 유전자적 차이가 크게 없다는 원숭이들은 때때로 서로를 죽이는 잔인성을 보이기도 하지만, 자신이 먹이를 집을 때마다 우리 안의 다른 원숭이들에게 전기충격이 가해진다는 사실을 깨달았을 때는 차라리 굶어 죽는 쪽을 택했다는 행동실험 결과가 있다.[6] 침팬지와 같은 영장류인 보노보 역시 낯선 동료에게 호의적이라는 연구 결과도 있다.[7]

위에 밝힌 '키티 제노비스 사건' 역시 《뉴욕타임스》의 보도와 실제 상황에는 많이 차이가 있었던 것으로 최근 밝혀졌다. 그 내용에 따르면 실제로 범행을 목격한 사람은 여섯 명에 불과했고, 그것조차 새벽에 비명소리를 듣고 깬 것이라 범행 과정을 제대로 본 사람은 없었다고 한다. 게다가 그중 두 명은 경찰에 분명히 신고를 했고, 심지어 한 명은 거리로 직접 뛰쳐나가 앰뷸런스가 올 때까지 피해자를 보호했다고 한다. 결국 《뉴욕타임스》는 2016년 오보를 인정하는 사과 기사를 냈다.[8]

곰곰이 생각해보면 사회정의부가 돌아갈 수 있는 것 역시 일반 시민들의 자발적인 신고 덕분이다. 우리 부서에 제보되는 사건들 중 대다수는 피해자 본인이 직접 신고하는 경우지만, 열 건 가운데 두세 건은 제삼자에 의한 신고나 내부고발이다. 즉 자신이 직접 피해를 입지 않았더라도 타인의 고통에 공감하는 사람들이 자발적으로 신고한 사건이 20~30퍼센트나 된다. 제삼자나 내부고

발자가 신고했을 경우, 사실확인을 위해 수시로 연락 및 출석 요구를 받는 귀찮은 상황이 발생함에도 불구하고 말이다. 결국 사회정의부가 사회정의를 추구해야 하는 건 인간의 '이기심' 때문이지만, 사회정의를 추구할 수 있는 건 인간의 '이타심' 덕분이라고 볼 수 있다.

영화 〈러브 액츄얼리〉에서 '사랑은 사실, 어디에나 있다'라고 말했듯이, 인간의 이타심 역시 어디에서나 발견할 수 있다. 이기심이 인간의 본성이듯, 이타심 역시 부정할 수 없는 인간의 본성이기 때문이다. 그걸 보지 못하고 인간의 이기심에만 주목하며 인간 사회에 대해 비관하는 건 이기적인 사람들에게 면죄부를 주는 꼴밖에 되지 않는다. 키티 제노비스의 남동생 빌 제노비스는 누나의 살인 사건의 진실을 알게 된 뒤 《워싱턴포스트》와의 인터뷰에서 이렇게 말했다고 한다.[9]

"머릿속 헛소리를 현실처럼 만들어내면 사람들은 그걸 머릿속에서 되풀이하며 그럴 만하다고 믿기 시작합니다. 그러다보면 그게 진짜 우리 삶의 일부가 돼버립니다."

사회정의를 꿈꿨던 롤스 역시 제2차 세계대전에 참전해 참혹한 살육의 현장을 목격했음에도 인간의 선함을 끝까지 믿었던 사람이다. 스스로를 '현실적 이상주의자'라 부르는 낙관주의자이기도 했다. 게다가 그는 무척이나 따뜻하고 배려가 넘치는 사람이었다고 한다. 실제로 하버드대학 교수 채용 면접에서 응시자가 창문을 뚫고 들어오는 햇빛 때문에 눈도 못 뜨고 난처해하자, 롤스가 조용히 자리에서 일어나 그 빛을 몸소 막아주었다는 유명한 일화가 있다.

인간의 이기심과 이타심 모두 우리가 받아들여야 할 부정할 수 없는 현실이라면, 결국 어떠한 면에 더 주목하느냐에 따라 개개인의 인생과 우리 사회의 양상이 크게 달라질 것이다. 그렇기에 사회정의라는 거창한 목표를 이루기 위한 첫걸음은 인간의 이기적 본성을 인정하면서도, 다른 한편으론 인간 내면의 이타심에 대한 믿음을 늘 견지하는 태도에 있는 것일지도 모른다. 물론 이런 믿음을 지속적으로 유지하기란 쉬운 일이 아니다. 그러기 위해서는 우리 모두 의식적으로라도 더욱더 주목할 필요가 있다. 햇빛 때문에 곤란을 겪는 응시자를 위해 몸소 햇빛을 가려주었던 롤스와 '사회정의란 무엇인가?'란 질문 때문에 곤란을 겪고 있던 나를 위해 대신 대답해주었던 그 학생이 보여주었던 것과 같은 소소한 배려와 친절에 말이다.

그리고 그런 소소한 이타심은 사실, 우리 주변 어디에나 있다.

소송의 나라:
법은 어떤 얼굴을 해야 하는가

'인생은 짧고 예술은 길다'라는 말을 좋아한다. 그런데 이 말을 처음 한 사람은, 조금 뜬금없게도 서양 의학의 아버지라고 할 수 있는 히포크라테스다. 그래서 나도 처음에는 '히포크라테스는 유난히 예술에 조예가 깊은 의사였나보다' 했다. 그런데 웬걸. 원문을 살펴보니 본래 의미는 '인생은 짧고 의술은 길다'로, 예술의 영원성 같은 것과는 아무런 상관이 없다는 사실을 알게 됐다. 그보다는 인생은 짧고 의술의 길은 멀고도 험하니, 의술에 종사하려면 겸손함을 가지고 기술과 지식의 발전에 정진하라는 의미였다. 소년이로학난성少年易老學難成과 같은 대가의 겸손한 한탄 정도로 이해해야 하는 것이다. 즉, '인생은 짧고 예술은 길다'라는 표현은 오역이었다.

어쨌거나 뭐 격언이라는 것이 법률도 아니고 그저 말만 되면 되는지라 본래의 뜻인 '의술'이든, 아니면 오역인 '예술'이든, 각자 상황에 맞게 마음가는 대로 각색해서 사용하면 될 듯하다. 요즘 들어 부쩍 할일이 많아져서 그런지 개인적으로 '주말은 짧고 월요일은 길다'가 제일 마음에 와닿는다. 그리고 아무래도 직업상 다양한 분쟁들을 꾸준히 접하다보니 '인생은 짧고 소송은 길다'라는 말도 자주 되새기게 된다.

법정 드라마에는 나오지 않는 것

초짜 검사의 싱거운 말장난이라고 치부할 수만은 없는 게, 실제로 소송 절차는 상당히 길다. 미국에서는 송사 한 건당 평균적으로 대략 2년 정도의 시간이 소요되는데, 무려 50년 넘게 이어지는 대하드라마급 소송도 있다. 이런 소송에 한번 잘못 휘말리면 웬만한 판사보다도 더 오랜 시간 동안 법원에 들락거리며 사는 것이다. 나도 최근에 무려 3년 4개월 동안 이어져온 소송 사건을 퇴사하는 전임자에게 물려받았는데, 그 지루한 투쟁의 역사 동안 줄줄이 이어져온 관련 기록들이 어찌나 길고 징글징글하던지 그 모습이 마치 해묵은 구렁이 같았다. 이런 장기 사건들은 모두가 기피하기 때문에 보통 '폭탄 돌리기' 하듯 부서를 돌고 돌아 결국에는 나 같은 불쌍한 신입에게 배정되곤 한다.

그러고 보니 왜 소송이 이렇게 길고 비싼지에 대한 설명이 필요할 것 같다. 소송 과정이 길고 비싸진 데에는 여러 가지 복합적인 이유들이 있지만, 그 주범은 누가 뭐라 해도 증거개시 절차Discovery process라고 할 수 있다. 증거개시 절차란 변론Trial 전 소송 당사자들이 상대의 요청에 따라 관련 정보나 서류를 공개해 쟁점을 명확히 하려는 절차다. 한마디로 실질적인 전투에 앞서 상대를 파악하고 그에 맞춰 전략을 짜는 과정인 것이다. 무시무시한 코끼리 부대를 앞세운 남만군도 제갈량의 치밀한 전략 앞에서는 속수무책이었듯이, 소송에 대한 전체적인 틀을 짜고 전략을 세우는 증거개시 절차는 승패를 가를 만큼 매우 중요한 과정이다. 이토록 핵심적인 일임에도 불구하고 대부분의 사람들이 증거개시 절차에 대해서 생소해하는 까닭은, 법정 드라마나 영화에서 그 과정을 잘 보여주지 않기 때문이다. 그럴 만도 한 게 증거개시 절차는 무척이나 길고 지루한 과정이다.

사실 증거개시 절차는 변호사들이 컴퓨터 앞에 석고상처럼 앉아 수천 페이지에서, 많게는 수백만 페이지나 되는 문서들을 일일이 확인하는 과정이다. 그렇다보니 이리저리 앵글을 바꿔봐도 멋진 그림이 나오기 힘들다. 엄청난 정보의 양을 검토해야 함에도 불구하고 '유레카!'를 외칠 만한 스모킹 건을 찾는 경우도 드물고(실제로 쓸 만한 증거를 찾을 확률은 문서 1000건당 1건 정도로, 0.1퍼센트밖에 안 된다), 오히려 검토해야 할 정보가 너무 많다보니 결정적 증거를 놓치는 경우도 있다.

증거개시 절차는 다이내믹하고 스펙터클한 면이 거의 없다. 하루 종일 책상 앞에 앉아 턱을 괴고 실눈을 뜬 채 모니터를 뚫어져라 쳐다보다가, 중간중간 고개를 몇 번 갸웃거려주고, 또다시 실눈을 뜨고 모니터를 쳐다보는 과정의 연속일 뿐이다. 그래서 소송의 시간과 비용의 대부분을 차지하는 중요한 과정임에도 불구하고 드라마나 영화에서 과감하게 생략된다. 물론 드라마와 달리 현실에서는 지루한 과정들이 단 1초도 편집되지 않는다. 그리고 그 모든 시간들은 고스란히 의뢰인들에게 청구된다. 엄청난 시간에 상응하는 엄청난 금액으로.

이렇듯 시간도 오래 걸리고 그 비용 또한 상당하다보니 '송사 3년이면 집 앞 기둥뿌리도 빠진다'라는 옛말이 생긴 게 아닐까 싶다. 소송의 역사가 비교적 오래된 서양 문화권에서도 이와 비슷한 속담들이 꽤 되는데, '양을 위해 소송을 벌이면 소를 잃게 된다', '나쁜 합의가 좋은 송사보다 낫다', '소송은 져도 망하고, 이겨도 망한다' 등 하나같이 무시무시한 것들뿐이다. 동서고금을 막론하고 소송의 폐해에 대해 경종을 울리는 속담들이 이리도 많다는 건 그만큼 소송이란 제도가 시간과 비용이 엄청나게 많이 들 뿐 아니라, 그 과정에서 당사자들이 겪게 되는 정신적 고통 또한 만만치 않다는 방증이라고 볼 수 있다. 사는 곳이 어디든 짧고 한 번뿐인 인생, 소송은 되도록 피하는 게 상책이다.

미국은 소송에 대한 국민들의 반감이 유난히 심한 나라다. 하긴 변호사들의 수만 해도 100만 명이 넘고, 그들이 담당하는 소송만 매년 4000만 건에 달하는 '소송의 나라'이다보니 반감이 없는 것이 더 이상할 듯하다. 그래서인지 미국에서는 소송이 가지고 있는 태생적 한계들을 극복하기 위한 다양한 실험들이 꾸준히 시도되어왔다. 이러한 실험들을 통칭해서 '대안적 분쟁 해결방법 Alternative Dispute Resolution'이라고 하는데, '중재Arbitration'는 그중에서도 가장 급격하게 부상한 해결방법 중 하나다.

그렇다면 '중재'가 어떻게 '소송'을 대체할 수 있다는 것일까? 이를 설명하기 위해서는 중재의 의미에 대해 알아볼 필요가 있다. 중재법 분야의 대가로 알려진 뉴욕대학교 로스쿨의 마틴 돔케Martin Domke 교수는 중재를 '당사자 간의 합의에 의하여 사법상의 권리 기타 법률관계에 관한 분쟁을 법원의 소송 절차에 의하지 않고 사인인 제삼자를 중재인으로 선정하여 그 분쟁의 해결을 중재인의 결정에 맡기는 동시에 최종적으로 그 결정에 복종함으로써 분쟁을 해결하는 제도'라고 정의한 바 있다.[10] 쉽게 말해서 중재란 당사자들의 동의하에 판사가 아닌 제삼자가 개입해 분쟁을 해결하는 민간 재판인 것이다.

아니, 민간 재판이라니. 아무리 소송이 싫어도 그렇지 너무 시대를 앞서 나가는 게 아니냐고 생각하실지도 모르겠다. 하지만 중재는 미국에서 상당히 오래된 역사를 자랑하는 분쟁 해결방식이다. 실제로 미국이 아직 대영제국의 식민지였던 17세기부터 네덜란드서인도회사Dutch West India Company 같은 무역회사들은 중재를 통해 서로 간의 상업 분쟁을 해결하곤 했다. 거대 상업회사들은 비즈니스의 특성상 중재가 재판보다 훨씬 더 적합한 분쟁 해결방식이라며, 중재의 보편화와 확장을 끊임없이 주장해왔다. 대립적일 수밖에 없는 법원 소송보다는 절차적 융통성이 보장되고 비교적 우의적인 중재가 협력과 공생을 모색해야 하는 기업 간의 분쟁 해결방식으로는 더 적합하다는 것이었다.

상생이니 협력이니 듣기 좋은 말들을 들먹였지만, 사실 기업들이 중재를 선호했던 가장 큰 이유는 뭐니 뭐니 해도 효율성이었다. 주·연방 법원의 각종 형식적이고 복잡한 절차들에 묶여 있는 소송제도에 비해 중재는 훨씬 더 빠르고 저렴했기 때문이다. 중재가 더 빠르고 저렴했던 이유 중엔 증거개시 절차를 간략하게 축소한다는 점도 있었다. 앞서 밝혔듯이 증거개시 절차는 소송에서 가장 긴 시간을 잡아먹는 단계이기 때문에 이를 간소화하는 것만으로도 엄청난 시간 단축과 비용 절감의 효과를 낼 수 있었던 것이다.

그뿐만이 아니다. 중재는 단심제이기 때문에 항소 자체가 불가능하다. 사실 재판은 1심 자체만으로도 긴 시간이 걸리지만, 만약 어느 한쪽이라도 판정에 불만을 갖고 2심이나 3심까지 집요하게 물고 늘어지면 엄청난 시간이 추가적으로 소요될 수밖에 없다. 그런데 중재는 분쟁을 이렇게 '삼세판'까지 끌지 않고 '단판 승부'로 끝내버려, 결과적으로 최종 판정까지 걸리는 시간을 어마어마하게 단축시킨다는 장점이 있었다.[11]

보통 이런 식으로 절차적 간소화를 진행하면 판결의 무게감이 떨어지기 마련이다. 판결이 쉽게 결정된 만큼 불복하기도 쉬워지는 것이다. 하지만 중재 판결은 법원의 확정 판결과 동일한 법적 구속력을 보장받는다. 때문에 이 모든 절차적 간소화에도 불구하고 판결의 무게가 가벼워지지 않는다.[12] 게다가 판결이 공공에 공개되는 재판과는 달리, 모든 중재 관련 내용은 기밀로 처리된다. 중재 당사자들 입장에서는 기밀 유출이나 여론 악화와 같은 부정적인 영향을 사전에 차단할 수 있는 것이다.

한마디로 중재는 소송제도의 장점들은 그대로 유지하면서도 단점들은 확실하게 보완하는 제도였다. 살을 버리고 뼈를 취하는 '육참골단肉斬骨斷'이 아닌 살도 지키고 뼈도 취하는 무결점 제도라

할 만했다. 결국 미국 의회는 1925년 중재의 보편화가 진흙탕 싸움과도 같았던 분쟁 해결제도를 정화시켜줄 거라는 부푼 기대와 함께 '연방 중재법Federal Arbitration Act'을 제정했다.

'비밀의 장막' 뒤

그로부터 무려 한 세기가 지난 지금, 애석하게도 기대는 보기 좋게 배신당했다. 중재가 보편화되면서 분쟁 해결에 소요되는 시간과 비용이 줄어들기는커녕, 오히려 중재가 소송만큼이나 비싸진 것이다. 게다가 생각지도 못했던 부작용도 생겼다. 협상력이 엇비슷한 기업들 간의 분쟁을 해결하라고 제정된 연방 중재법의 취지가 점점 기형적으로 왜곡되면서, 1990년대에 이르러서는 소비자 분쟁과 고용 분쟁까지 침투한 것이다.

현재 미국에서는 시리얼을 먹다가 돌이 나와 이가 깨져도 시리얼회사를 상대로 소송을 걸지 못한다. 통신사의 교묘한 허위 광고로 통신요금이 매달 5000원씩 추가로 청구되었다는 사실을 발견해도 상대를 법정으로 끌어들일 수 없다. 곰팡이가 생긴 수프를 먹어 식중독에 걸려도 마찬가지고, 브레이크 결함으로 자동차가 죽음의 질주를 하는 바람에 탑승자 전원이 장애를 갖게 되어도 마찬가지다. 심지어 수천 명의 사람들이 모두 비슷한 피해를 입어 집단소송을 걸고 싶어도 그렇게 할 수 없다.

이제 사람들은 모두 개별적으로 중재 과정을 거쳐야 한다. '이 계약으로부터 발생되는 모든 분쟁은 중재규칙에 따라 중재로 최종 해결한다'는 '사전 중재 합의 조항Pre-dispute Arbitration Clause 혹은 Mandatory Arbitration Clause'이 모든 제품들의 구매 약정에 은밀하게 숨어 있기 때문이다. 전 인류의 99.9퍼센트가 눈길도 안 준다는 구매 약정에 달랑 저 한 줄(그것도 잘 보이지도 않는 초소형 활자로)이 들어가 있다고 국민의 기본권인 재판청구권을 박탈하는 것이다. 황당하지만 현실이 그렇다. 법원들이 이러한 약정들을 기업과 소비자 간의 정당한 '계약'으로 인정하기 때문이다.

고용 분쟁 문제는 더 심각하다. 사실 기업 대 소비자의 분쟁도 불공정한 싸움이기는 마찬가지지만, 적어도 소비자들에게는 힘이 있다. 기업을 상대로 조직적인 불매운동을 벌일 정도의 협상력도 있고(하지만 아까 말했듯이, 집단소송은 못한다), 대부분의 경우 특정 회사의 제품 한두 개쯤 안 쓴다고 삶의 질이 확연히 저하되지는 않는다. '손님이 왕이다'라는 말도 있을 만큼 기업과 소비자의 관계는 단순히 갑을관계라고 정의할 수 없다. 하지만 고용 문제는 다르다. 회사에서 불이익을 당하거나, 그로 인해 회사에서 나가야 하는 상황이 오면 삶의 질이 확실하게, 그리고 확연히 나빠진다. 고용주와 고용인의 관계만큼 갑과 을의 구분이 명확한 관계도 드물다.

현재 미국의 실상은 대충 이런 식이다. A라는 사람이 대학교를 나와 1년간의 치열한 취업 준비를 마치고 꿈에 그리던 회사의 면접 기회를 얻게 되었다고 치자. 다행히도 면접은 순탄하게 진행되고, A는 면접이 끝난 직후 그 자리에서 입사 제안을 받는다. 동시에 합격한 후보들에게만 준다는 '직원 안내서'라는 것도 받는다. A는 너무나도 기쁜 나머지, '감사합니다', '열심히 하겠습니다' 같은 인사를 연발한다. 천천히 검토해보라는 면접관의 말에도 불구하고 직원 안내서의 조항들을 대충 훑은 뒤 마지막 페이지에 바로 서명한다. 뭐, 예상하셨겠지만 안내서의 마지막 페이지엔 '이 계약으로부터 발생되는 모든 분쟁은 중재규칙에 따라 중재로 최종 해결한다'라는 '사전 중재 합의 조항'이 들어가 있다. A는 이날 자신의 손으로 회사를 상대로 소송할 권리를 포기한 셈이다.

사실 직원 안내서를 꼼꼼히 읽었어도 크게 달라지지는 않았을 것이다. 취업은커녕 면접 기회만 얻어도 감지덕지한 세상이다. 숨막히는 채용 시장에서 '대체 사전 중재 합의 조항이란 것이 무엇입니까!'라고 따지며 방문을 박차고 나갈 수 있는 사람은 많지 않다. 설사 그렇게 뛰쳐나가도 다른 회사들 역시 사전 중재 합의 조항을 적극적으로 활용하고 있기 때문에 딱히 갈 곳도 없다. 게다가 대부분의 사람들은 입사할 당시에는 사전 중재 합의 조항에 큰 거부감을 느끼지 않는다. '우리 영원하자'라는 말과 함께 시작되는 모든 연인관계처럼, 입사 초기에는 모두 회사와의 장밋빛 미래만을 꿈꾸기 때문이다.

하지만 순진한 낙관으로 인해 직원들이 치러야 할 대가는 너무나도 크다. 임금을 제때 받지 못해도, 장애로 인한 불이익을 받아도, 노동법과 인권법이 보장하는 그 어떤 권리를 침해받아도 회사를 상대로 제대로 된 재판조차 청구할 수 없는 것이다. 이와 같은 문제 제기에 '중재 옹호론자'들은 이렇게 반박한다. 어찌되었든 승소만 하면 되는 것 아니냐고. 신속하고 저렴한 중재 절차로 승소할 수 있다면 그것이야말로 분쟁 당사자들에게 더 큰 이득이 아니겠냐는 논리다. 물론 이는 맞는 말이다. 만약 '승소할 수 있다면' 말이다.

사실 중재의 공정성은 평가하기가 애매하다. 앞서 말했듯이 그 내용이 철저히 비밀에 부쳐지기 때문이다. 하지만 최근 들어 중재 절차에 참여했던 변호사들과 중재자들, 그리고 원고들이 자신들의 경험담을 공개하면서 조금씩 비밀의 장막 뒤에 숨어 있던 실체가 드러나고 있다. 애석하게도 그 실체라는 것은 그리 아름답지 않다.

여태까지 드러난 바에 의하면, 중재 절차 내에서 중재자는 무소불위의 권력을 휘두르는 신과 같은 존재다. 그도 그럴 것이 중재자는 법원의 엄격한 절차를 굳이 따르지 않아도 된다. 어떤 중

거를 채택하고, 또 어떤 증거를 채택하지 않을지에 대한 폭넓은 재량권을 가지고 있다. 판사 경력이 전무한 변호사 출신의 중재자가 수십 년 경력의 판사보다도 훨씬 더 강력한 권력을 행사할 수 있는 것이다.

게다가 사전 중재 합의 조항을 작성하는 건 대부분 고용주의 입장에 있는 기업들이다. 이들이 중재자에 대한 선택권을 자기 자신들에게 부여하는 것은 어찌 보면 너무도 당연하다. 그렇기에 실제로 중재에 들어가는 상황이 오면, 고용주인 기업이 고용인인 중재자에게 자신의 잘잘못을 가려달라고 돈을 주면서 부탁하는 꼴이 된다.

이런 상황에서 중재자가 공정한 판결을 내릴 수 있을까? 만의 하나 그런 공정한 중재자가 이 세상에 존재한다고 치자. 위안은 되겠지만 사실 별 의미는 없다. 애초에 그런 중재자가 기업의 선택을 받을 리 없기 때문이다. 일반인이 송사에 휘말리는 액운을 겪는 경우는 인생에서 많아봤자 한두 번뿐이다. 하지만 기업은 사정이 조금 다르다. 통상적으로 기업은 개인보다 몇 배는 더 많은 법적 다툼에 휘말릴 가능성을 가지고 있다. 중재자에게 기업은 '현재'의 고객이기도 하지만, '미래'의 잠재적 고객이기도 하다. 실제로 2010년과 2014년 사이 특정 중재자가 특정 기업의 분쟁을 열 건 이상 지속적으로 맡은 경우는 41번이나 있었다. 심지어 중재 결정 선고일 전날 중재자와 기업 변호사들이 함께 농구경기를 보러 갔다거나, 심리 절차 도중 중재자와 기업 변호사가 은색 스포츠카에 나란히 앉아 같이 점심을 먹으러 갔다는 말도 안 되는 사례들도 있다. 물론 이 두 결정 모두 기업 측이 승리했다.[13]

"민간 재판이란 모순어법이다. 재판이 아닌 비즈니스에 더 가깝기 때문이다. 이런 환경에서 중재자가 자신의 돈줄을 쥐고 있는 기업들에 친화적인 판결을 내리는 것은 어찌 보면 필연적이라고 할 수 있다."[14]

캘리포니아주 항소심 판사인 앤서니 클라인Anthony Klein의 말이다. 뉴욕대학교 로스쿨의 신시아 에슬런드Cynthia Estlund 교수 역시 1년에만 약 30만에서 70만 건의 분쟁이 사전 중재 합의 조항에 의해 '증발'된다고 분석했다. 희박한 승소 가능성 앞에 수많은 사람들이 분쟁 해결 자체를 포기한다는 설명이다.[15] 이렇듯 중재 조항에 묶여 사람들이 재판청구권 자체를 포기하는 현상에 대해 벤저민 카도조 로스쿨의 미리엄 길레스Myriam Gilles 교수는 '사법 제도의 민영화'라며 한탄했다.[16]

인생은 짧고, 불신은 길다

대체 어쩌다가 선의에서 출발한 연방 중재법이 이 지경이 된 걸까? 사실 엄밀히 따지자면 연방 중재법 그 자체에는 아무런 잘못이 없다. 애초에 연방 중재법은 비슷한 협상력을 가진 기업들이 중재 절차에 대한 충분한 상호합의를 이룬 상황에 한해서만 소송을 대체하게끔 만들어진 법이기 때문이다.

결국 잘못은 연방 중재법을 국민의 재판청구권을 침해하는 방향으로 악용한 법조인들에게 있다. 여론이 점차적으로 중재에 친화적인 방향으로 움직이면서 이를 통해 이득을 챙기려는 세력이 등장했을 때, 이러한 욕구를 신속하게 파악하고 그에 협조해준 몇몇 변호사들과 이를 묵인해준 판사들에게 그 책임이 있는 것이다. 그 결과 한 세기가 지난 지금, 미국에 사는 수많은 소비자들과 노동자들은 사전 중재 합의 조항이라는 사슬에 묶여 법원의 문턱조차 넘지 못하는 현실과 직면하게 되었다. '인생은 짧고 의술은 길다'를 '인생은 짧고 예술은 길다'로 잘못 해석한 경우와는 다르게, 법을 잘못 해석하면 이렇듯 치명적인 결과를 불러올 수 있다.

뉴욕 법원에는 '진실된 법의 집행이야말로 좋은 정부의 가장 견고한 기둥이다The true administration of justice is the firmest pillar of good government'라는 말이 새겨져 있다. 미국 초대 대통령 조지 워싱턴이 한 말답게, 미국의 민주주의와 법치주의의 근간을 이루는 말이라고 할 수 있다. 하지만 이러한 '진실된 법 집행'이 제대로 이루어지고 있는지는 의문이다. 미국의 중재제도는 이미 수많은 사람들에게 씻지 못할 상처를 입혔다. 중재에서 패소하고 난 뒤 2억 원 가량의 법정 부담금을 빚진 수많은 사람들이 공통적으로 한 말은, 더이상 공정한 사법제도에 대한 믿음을 가질 수 없게 되었다는 이야기였다.

인생은 짧다. 하지만 부정의로 인해 서서히 축적되는, 정의롭고 공정한 사법제도에 대한 불신은 길다. 이러한 불신은 마치 흉터와 같아서, 그 흔적이 희미해질지언정 결코 완전히 사라지지는 않는다. 늦었지만 지금이라도 법이 진실되게 집행되고 있다는 신뢰를 회복할 필요가 있다. 그러기 위해서는 사람을 중심으로 놓는 법, 그리고 인간을 수단으로 보는 것이 아닌 목적으로 보는 진실된 법 해석이 어느 때보다 절실하다.

타인의 삶:
정의를 어떻게
바라볼 것인가

2007년 개봉한 〈타인의 삶〉은 내가 가장 좋아하는 영화 중 하나다. 영화의 배경은 1984년의 동베를린이다. 1984년이니 베를린장벽이 무너지기 5년 전이다. 그 당시 동베를린 국민들은 비밀경찰조직 '슈타지Stasi'의 철저한 감시를 받으며 살고 있었다. 도시는 생기라고는 찾아볼 수 없을 정도로 삭막했고, 달 표면에나 있을 법한 상상 속의 회색도시처럼 황량했다.

영화의 주인공인 슈타지 요원 비즐러는 삭막한 도시에서도 가장 딱딱하고 기계적인 삶을 사는 남자다. 그가 사는 집을 보면 인간미라고는 눈곱만큼도 찾아볼 수 없다. 그의 집에는 오로지 사람이 살아가는 데 필요한 최소한의 물건들만 존재한다. 그리고 이 모든 것들이 한 치의 흐트러짐도 없이 제자리에 정돈되어 있다. 생활 패턴도 별반 다르지 않다. 비즐러는 식사도 늘 집에서 혼자 가볍게 때운다. 외출할 때도 늘 같은 옷을 입는다. 그는 결혼도 하지 않았고 친구도 없다. 그렇게 철저히 혼자의 삶을 산다.

주의를 분산시킬 수 있는 모든 요소를 삶에서 배제한 비즐러는 매사에 철두철미한 사람이다. 특히 일 처리에 있어서는 빈틈이라고는 찾아볼 수 없다. 강압적인 수사도 감정적 동요나 흔들림 없이 페이지 한 장 한 장 넘기듯 사무적으로 처리한다. 자신의 수사로 한 인간이 완전히 무너져 오열하는 모습마저도 건조하게 바라볼 뿐이다. 그런 점 때문에 비즐러는 슈타지 내에서도 최고의 요원으로 꼽힌다. 예비 슈타지 후보생들에게 수사기법에 대한 강의를 진행할 정도로 실력을 인정받는다. 이런 그를 움직이는 것은 오직 한 가지, 바로 국가와 당에 대한 무조건적인 충성이다. 비즐러에게 이것 외의 모든 것은 부차적이고 무의미하다.

이런 비즐러가 서서히 변하게 된 계기는 상부로부터 게오르그 드라이만이라는 동독 최고의 극작가를 도청하라는 임무를 받고 나서부터다. 상부의 명령이 떨어지고 난 후, 비즐러는 단 하루도 빠지지 않고 드라이만과 그의 애인인 인기 배우 크리스타의 삶을 감시하고 기록한다. 하지만 아무리 오랜 시간을 감시해도 동독과 사회주의 체제의 적이라던 드라이만을 체포할 만한 단서는 나오지 않는다. 비즐러는 얼마 안 가 이 도청 작전이 정당한 국가권력이 아닌 사사로운 이익이 개입된 부당한 폭력이라는 사실을 눈치챈다. 크리스타에 눈독을 들이던 문화부 장관이 드라이만의 약점을 잡기 위해 계획한 작전이었던 것이다.

이와는 별개로 비즐러는 시와 음악, 그리고 뜨거운 감정과 진실된 친구들이 존재하는 드라이만과 크리스타의 삶에 서서히 매료되어간다. 결국 비즐러는 드라이만이 집을 비운 사이 몰래 꺼내온 독일 극작가 베르톨트 브레히트의 시를 자신의 집에서 읽고, 일부러 크리스타의 공연을 찾아가 관람하기도 한다. 국가 사찰을 받다 자살한 친구가 남긴 유품인 〈선한 사람을 위한 소나타〉라는 곡을 드라이만이 직접 피아노로 연주하는 것을 듣고는 끝내 참았던 눈물을 흘리기까지 한다.

철저히 신념만을 위해 움직였던 냉혈한 비즐러는 타인의 삶을 통해 처음으로 자기 자신의 감정과 마주하게 된다. 비즐러의 중심이 '국가'에서 '인간'으로 옮겨간 순간이다. 비즐러는 점점 더 적극적으로 드라이만과 크리스타의 삶에 몰입하기 시작한다. 이후 그는 자신의 모든 것이었던 국가와 체제에 반하는 활동을 개시한 드라이만을 권력으로부터 지켜주기까지 하는데……

갑자기 영화 〈타인의 삶〉에 대한 이야기를 꺼낸 이유는, 검사실에서 일하다보면 나 자신을 비즐러의 자리에 투영해놓고 보게 될 때가 많기 때문이다. 사실 비즐러와 나는 비슷한 점이 꽤 있다. 물론 내가 비즐러처럼 친구도 없이 고독을 씹으면서 다니는 건 아니다. 하지만 직업적인 측면만 놓고 보면 우리는 정말 많은 면에서 닮았다. 일단 비즐러와 나는 공익(그것이 부당한 것이든 아니든)을 목적으로 일한다는 점이 비슷하다. 끊임없이 타인의 삶을 바라보며 일해야 한다는 점도 같다. 사건기록이란 것들도 삶의 부분들을 보여주는 파편들이라 할 수 있으니 말이다. 심지어 강제력을 지닌 국가적 힘으로 타인의 삶에 개입할 수 있다는 점에서도 비슷하다. 이렇게 겹치는 부분이 많다보니 비즐러가 영화에서 스스로에게 던졌던 질문은 나에게도 해당된다.

과연 나는 '국가'와 '인간' 사이에서 어떤 것을 중심에 놓고 일할 것인가?

엄벌주의 국가의 대표주자

한국에서는 사회적 관심을 불러일으킨 사건에 대한 판결이 떨어질 때마다 형이 너무 가볍다는 의견이 주를 이루는 듯하다. 그럴 때마다 법을 몰라서 그렇다며 대중의 분노를 무시하는 태도는 법원과 국민 사이의 괴리감을 키우는 꼴밖에 안 된다. 사람들이 매번 정당한 이유 없이 분노했을 리는 없다. 모두 다 그렇지는 않겠지만, 대중의 분노를 일으키는 판결들 중에는 정말 터무니없이 온정적인 판결들도 더러 있을 것이다.

미국의 경우 전 국민적인 공분을 살 만큼 형량이 약하게 떨어지는 판결이 별로 없다. 오히려 미국은 선진국들 중 형량이 무거운 나라에 속한다. 다시 말해 엄벌주의 국가의 대표주자인 것이다. 미국 법원은 흉악범들에게 사형이나 종신형, 그리고 종신형이나 다름없는 100년형, 200년형을 수시로 선고하곤 한다. 지적장애 소녀를 성폭행한 남성이 고작 집행유예로 풀려나는 대한민국 법원의 판결을 보다가, 아동 포르노를 소지했다는 이유 하나만으로 가석방 없는 종신형을 때려버리는 미국의 법원을 보면 뭔가 속시원한 기분이 들지도 모르겠다. 하지만 범죄자들에 대한 가혹한 형벌은 일시적으로는 통쾌한 기분을 선사할지 모르지만 결코 상쾌한 뒷맛을 남기지는 못한다.

인권변호사 브라이언 스티븐슨Bryan Stevenson의 저서 『월터가 나에게 가르쳐 준 것Just Mercy』에 따르면 미국은 현재 전 세계에서 가장 높은 수감률을 보이는 나라다.[17] 1992년부터 OECD가 수감률 통계를 발표한 이래 미국은 이 분야에서 1위 자리를 놓쳐본 적이 없다.[18] 보호 관찰이나 가석방 중인 사람들도 600만 명에 달한다. 열다섯 명의 아이들 중 한 명은 구치소나 교도소에 들어간 것이라 할 수 있고, 흑인 남성으로만 한정하면 세 명 중 한 명이 수

감자라고 볼 수 있는 것이다.[19]

미국이 이렇게 된 데에는 마약과의 전쟁, 총기 소지법, 전방위적으로 퍼져 있는 빈부격차와 인종 문제 등 여러 가지 복합적인 이유가 있겠지만, 그중에서도 일등공신은 미국이 채택한 교정정책일 것이다. 1974년 범죄학자 로버트 마틴슨Robert Martinson이 '갱생을 위한 노력은 결론적으로 시간 낭비'라는 말을 남기면서 교정정책으로 채택된 엄벌주의는 범죄자들에게 갱생의 기회를 주기보다는 사회와 완전히 격리시키는 정책이다.[20] 그 결과 미국은 빠른 시간 내에 전 세계 선진국들 중 가장 징벌적인 국가로 변모했다. 재소자의 수는 폭증했고, 교도소 역시 포화 상태에 이르렀다. 수백 명의 사형수들이 총살이나 전기의자, 독극물 주사 등을 통해 목숨을 잃었고, 몇몇 주는 미성년자들에게도 성인과 똑같은 형량을 선고하며 수십만 명의 청소년들을 교도소에 수감시켰다.[21]

위험요소들을 사회에서 격리시키는 건 사회 전체의 안전을 위해 바람직한 일이라고 생각할 수도 있지만, 미국에서는 꼭 흉악범들만 교도소에 장기간 수감되는 것이 아니다. 놀랍게도 경범죄만으로도 종신형이 선고될 수 있다. 미국 형법이 채택하고 있는 '병과주의' 때문이다. 병과주의란 쉽게 말해 여러 건의 범죄를 저질렀을 때 범죄 한 건 한 건마다 형을 선고해 형량을 합산하는 제도다. 반면에 '흡수주의'는 여러 건의 범죄를 저질렀을 시에도 가장 무거운 형량 하나만으로 처벌하는 제도다. 즉 한 사람이 2년형, 3년형, 4년형, 그리고 5년형에 해당되는 범죄들을 각각 저질렀을 경우 흡수주의를 도입하는 나라에서는 5년형이, 그리고 병과주의를 도입하는 나라에서는 14년형이 선고되는 식이다. 앞서 말한 아동 포르노 소지 혐의로 기소된 범죄자 역시 소지한 아동 포르노의 수대로 형량을 합산한 결과 종신형을 선고받게 된 것이다.

물론 아동 포르노 소지 혐의는 그 자체만으로도 강한 혐오감과 분노를 불러일으킨다. 대다수의 사람들은 아이들을 향한 범죄에는 민감하게 반응할 수밖에 없기 때문이다. 게다가 아동 포르노 한 편을 소지하고 있는 사람보다 400편을 가지고 있는 사람을 더 무겁게 처벌해야 하는 건 너무나도 당연한 이치처럼 보인다. 하지만 조금만 상황을 달리 틀어도 문제는 꽤 복잡해진다. 이를테면 아동 포르노 400편을 소지하고 있는 사람이 아동 성폭행범보다 더 무거운 처벌을 받는 것이 과연 정당한 결과인지는 쉽게 대답할 수 없는 문제다. 체리 400알이 체리 한 알보다 더 무겁다는 건 누구나 즉각적으로 알 수 있지만, 체리 400알이 수박 한 통보다 더 무거울지는 쉽게 확신할 수 없는 것과 마찬가지다. 게다가 죄의 무게는 과일의 무게처럼 쉽게 측정될 수 있는 성질도 아니다.

입장이 강경해질 수밖에 없는 아동 관련 범죄를 벗어나도 상황은 크게 달라지지 않는다. 그 예로 캘리포니아에서는 생활고를 겪던 남성이 자녀들에게 선물할 150달러 상당의 비디오테이프들을 몇 차례에 걸쳐 훔친 혐의로 종신형에 처해진 적이 있다. 이미 여러 건의 절도 전과가 있어서 상습성이 인정되었다곤 하지만 같은 해에, 그것도 같은 주에서 일어난 살인죄가 25년형을 선고받은 것과 대조해보면, 이러한 형량이 과연 공정한가에 대해선 심각한 의문이 들 수밖에 없다. 아니, 굳이 살인죄의 형량과 비교하지 않더라도 이런 식의 과한 형량은 인간의 존엄성에 상처를 입히는 느낌을 준다. 하지만 미국은 부도수표를 발행하는 범죄나 좀도둑질, 또는 불법약물을 소지했다는 것만으로도 자국민들에게 수십 년에 이르는 형량을 선고할 수 있고, 또 실제로도 그렇게 하고 있다.

상황이 이렇다보니 미국에선 구치소와 교도소 들이 마치 피서철 한강공원에 돗자리 깔리듯 우후죽순으로 늘어나고 있는 실정이다. 실제로 지난 몇 십 년 사이에 미국은 대학보다도 더 많은 구치소와 교도소를 지었다. 몇몇 주에서는 교도소에 들어가는 청년들의 수가 대학에 들어가는 청년들의 수를 앞지르기까지 했다. 이렇게 폭발적으로 늘어나는 구치소와 교도소의 유지에 지출되는 정부 예산은 1980년 69억 달러 수준에서 현재 800억 달러 수준으로, 30여 년 사이에 무려 열 배 이상 증가했다.[22]

기존의 공영 교도소들만으로는 좀비같이 무서운 속도로 늘어나는 재소자들을 감당할 수 없게 되자 미국 정부는 민간 기업에 교도소 운영권을 위탁하기 시작했다. 그러자 민영 교도소들은 더 많은 재소자를 확보해 수익을 늘리고자 새로운 범죄를 더 많이 만들어내고, 기존의 범죄들에 더 강력한 처벌을 부과하기 위해 입법자들에게 매년 수백만 달러의 로비자금을 쏟아붓게 되었다.[23] 가끔 민영화가 우리 사회의 모든 문제점들을 해결해주는 마법의 비책인 것처럼 주장하는 사람들이 있는데, 미국 교도소 서비스는 섣부른 민영화가 불러올 수 있는 폐해의 대표적 사례이다. 교도소 서비스라는 거대 비즈니스가 국민의 기본권 중 하나인 신체의 자유를 적극적으로 침해하는 지경에 이른 것이다.

'정의'가 '칼'이 될 때

중립적 심판자여야 할 법원 역시 과도한 징벌주의에 한몫 보태고 있다. 최근 미국의 연방 대법원에서는 기이한 판결이 내려졌다. 이 사건의 개요는 대충 이렇다. 2011년 애번데일 록하트Avondale Lockhart라는 남성은 아동 포르노를 다운로드하려다가 뉴욕 경찰에 체포되어 곧바로 검찰에 의해 기소되었다. 이 사건의 쟁점은 록하트가 10년 이하의 형량을 받아야 할지, 아니면 10년 이상의 형량을 받아야 할지였다. 미국 형사법 제2252조에 있는 아동 포르노를 소지한 범죄자들에 한해 '미성년자에 대한 불법성행위, 성폭행, 혹은 가중 성폭행 전과가 있는 경우에 최소 10년 이상의 징역을 선고해야 한다'는 조항 때문이었다.

록하트의 경우 11년 전 여자친구를 성폭행한 전과가 있었다. 하지만 당시 여자친구의 나이는 미성년자와는 거리가 먼 53세였다. 물론 아동 포르노를 소지한 데다가 과거 여자친구까지(나이가 몇 살이었던 것과는 상관없이) 성폭행한 전력이 있는 록하트의 죄가 무겁다는 사실만은 분명하다. 록하트가 그에 상응하는 처벌을 받아야 한다는 점도 누구나 동의할 수 있다. 하지만 이러한 점들과는 별개로 록하트에게 '미성년자에 대한 불법성행위, 성폭행, 혹은 가중 성폭행 전과'가 있었던 것은 아니었다.

하지만 대법원의 생각은 달랐다. 대법원은 '미성년자에 대한'이라는 수식어는 오직 '불법성행위'라는 죄목에만 한정된 것으로, '미성년자에 대한'이라는 수식어가 적용되지 않는 '성폭행'이라는 범죄 전과가 있는 록하트는 최소 10년 이상의 형량을 선고받아야 한다는 판결을 내렸다. 아마도 내 영어 실력이 대법관들에 비해 한참 부족한 탓도 있겠지만, 나로서는 아무리 머리를 굴려봐도 어떻게 이와 같은 해석이 가능한지 당최 모르겠다.

한번 생각해보자. 만약에 내가 '영화 〈기생충〉의 제작에 참여한 배우, 감독, 제작자를 만나고 싶다'라고 말한다면 그 의미는 말 그대로 영화 〈기생충〉의 제작에 참여한 배우, 감독, 또는 제작자를 만나고 싶다는 것이다. 그런데 그 말을 들은 누군가가 '영화 〈기생충〉의'라는 수식어가 '배우'라는 단어 앞에만 붙었기 때문에 봉준호 감독이 아닌 스티븐 스필버그 감독을 데려왔다고 하면(물론 이것도 대단히 기쁠 테지만) 나로서는 상당히 당황할 수밖에 없을 것이다. 물론 내가 조금 더 정확하게 '영화 〈기생충〉의 제작에 참여한 배우, 영화 〈기생충〉의 제작에 참여한 감독, 영화 〈기생충〉의 제작에 참여한 제작자를 만나고 싶다'라고 말할 수도 있었겠지만, 실제로 이리 피곤하게 말하는 사람은 거의 없지 않은가. 적어도 내 주변에는 없다.

소수 의견을 작성한 엘리나 케이건Elena Kagan 대법관 역시 나와 비슷한 예를 들며 대법원의 판결을 강하게 비판했다. 케이건 대법관과 나만 이렇게 생각하지는 않을 것이다. 이 글을 여기까지 읽으신 독자분들이라면 '미국의 엄벌주의적 성향은 미국의 병과주의 제도, 교도소 서비스의 민영화, 그리고 법원의 몰상식한 판결들로 인해 강화되고 있다'라는 주장을 대충 이해하셨으리라고 믿는다. '미국의'라는 수식어가 '병과주의 제도' 앞에만 붙었다는 이유를 들며, 대한민국 법원이나 멕시코 법원의 몰상식한 판결들이 미국의 엄벌주의적 성향을 강화시키고 있다고 생각하시는 분은 아마도 없을 것이다.

아무튼 과한 엄벌주의가 지배하는 사회는 자의적인 온정주의가 판치는 사회 못지않게 많은 폐해가 존재한다. 정의의 여신이 자신이 가진 칼을 꺼내지 않고 칼집에만 보관하는 것도 문제지만, 그 칼을 지나치게 자주 휘둘러도 문제인 것이다.

하지만 여전히 많은 사람들은 정의를 '칼' 또는 '징벌'로만 이해하고 싶어한다. 더 단순하고 즉각적인 해결책이기 때문이다. 실제로 어딘가 부족하고 망가진 사람들을 갱생시키고, 또 사회에 복귀할 여건을 조성해주는 것보다 이들을 기계적으로 처벌하고, 눈에 띄지 않는 곳에 격리시키는 것이 훨씬 더 간단하고 쉽다. 별 저항도 받지 않는다. 격리되는 범죄자들 중 대다수는 좋은 교육을 받지도 못했고, 제대로 된 법률적 도움을 받을 정도로 부유하지도 않으며, 그 때문에 사회적 또는 정치적 발언권 역시 미비한 탓이다. 결국 로버트 마틴슨이 '갱생을 위한 노력은 결론적으로 시간 낭비'라고 말한 이유는 이들의 갱생이 정말 불가능해서가 아니다. 단지 그렇게 하는 것이 상대적으로 더 비싸고 어렵기 때문이다.

하지만 인간의 존엄성이란 비싸고 어렵다는 이유만으로 포기할 수 있는 것이 아니다. 지적장애를 앓는 사형수들과 청소년 수감자들의 변론을 위해 일생을 바친 인권변호사 브라이언 스티븐슨은 저서 『월터가 나에게 가르쳐 준 것』에서 우리 사회가 언제부턴가 두려움과 분노에 의해서만 움직이게 되었다고 말한다. 그리고 우리 사회가 이러한 냉혹한 본능에 이끌려 어린 청소년들을 내팽개치고, 장애인들을 외면하며, 병약자들을 교도소에 가두고 있다고 고발한다. 그는 절도죄로 장기복역수가 된 청소년들과 불법약물 소지죄로 무기징역수가 된 의뢰인들에게 종종 이렇게 말해준다고 한다.[24]

> (…) 나는 그들에게 우리 모두는 우리가 저지른 최악의 행동보다 훨씬 가치가 있음을 상기시켰다. 누군가가 거짓말을 했다고 해서 그 사람이 '단지' 거짓말쟁이인 것만은 아니라고 말했다. 누군가가 자신의 소유가 아닌 어떤 것을 훔쳤다고 해서 그 사람이 '단지' 도둑인 것만은 아니라고 말했다. 설령 다른 사람을 죽였다 하더라도 그 사람이 '단지' 살인자인 것만은 아니라고 말했다.

정의 역시 '단지' 인과응보의 논리로만 움직이는 것은 아니다. 그럼에도 불구하고 정의를 '칼' 또는 '징벌'로만 보는 사회에선 검사들이 쥐고 있는 공권력이라는 합법적인 칼에 더 큰 힘이 실릴 수밖에 없다. 그리고 정당한 국가권력이라는 칼이 점점 더 강력해질수록 그 칼에 맞아 흩뿌릴 사람들의 피와 눈물 역시 필연적으로 더 늘어날 수밖에 없다.

결국 칼을 쥐고 있는 검사들이 먼저 움직여야 한다. 선거철마다 서로 경쟁적으로 형사처벌의 대상을 확대하겠다거나, 더욱 강력한 형벌을 도입해야 한다고 주장하며 대중을 선동할 게 아니라, 미국의 형사사법제도가 올바른 방향으로 가고 있는지에 대한 진지한 성찰과 대화가 필요한 시점이다. 오직 국가와 법에 대한 맹목적인 신념만으로 움직이는 검사는 최고의 검사로는 인정받을 수 있을지언정 절대로 완전한 인간이 될 수는 없다. 철저하게 국가와 체제만을 위해 움직였던 비즐러가 최고의 요원으로 인정받으면서도 결코 행복하고 완전한 삶을 살지는 못했던 것처럼 말이다.

'타인의 삶'에 대한 발견이 비즐러를 바꾸었듯이, 피고인의 인생 최악의 단면이 아닌, 그들의 삶 전체를 바라보는 균형 잡힌 시각을 키우는 것이야말로 우리 사회의 비뚤어진 사법제도를 바로 세워줄 열쇠일지도 모른다.

소통의 대가: '다름'을 어떻게 받아들일 것인가

법률가의 필수 자질은 무엇일까? 이에 대한 답변은 어떤 법률가를 꿈꾸냐에 따라 조금씩 달라질 것이다. 하지만 흔히들 법률가의 필수 자질로 '말발'을 꼽는다. 법정 드라마의 영향 때문에 과장된 면도 분명히 있지만, 자신의 의견을 조리 있게 제시하여 상대를 이해시키고 또 설득시키는 '소통의 기술'이 법률가들에게 매우 중요한 자질임은 분명하다.

말발로 한 시대를 풍미한 사람이라 하면 역시 가장 먼저 떠오르는 건 고대 그리스의 철학자 소크라테스다. 잘 알려져 있듯이, 소크라테스는 플라톤, 아리스토텔레스와 함께 고대 그리스 철학의 기반을 닦은 인물이다. 그는 일생 동안 토론을 통해 남을 가르치는 일에 매진했는데, 저술보단 토론으로 철학 활동을 전개했다. 이때 그가 썼던 고유한 토론방식이 바로 그 유명한 '소크라테스식 문답법'이다. 예를 들면 이런 식이다.[25]

소크라테스: 자네 기분이 어떠한가?

트라시마코스: 우울합니다.

소크라테스: 우울하다는 것은 무엇인가?

트라시마코스: 침울하다는 것입니다.

소크라테스: 침울하다는 것은 무엇인가?

트라시마코스: 기분이 더럽단 것입니다.

소크라테스: 기분이 더럽다? 그것은 무엇인가?

트라시마코스: 모르겠습니다.

소크라테스: 그래. 자넨 그래도 낫네. 자네가 모른다는 것을 알고 있지 않은가?

위 예에서도 볼 수 있듯이, 소크라테스 문답법의 주요소 중 하나로 바로 이 '비판적 질문'을 꼽을 수 있다. 말이 좋아서 비판적 질문이지, 여간 사람 짜증나게 만드는 대화법이 아닐 수 없다. 위 대화만 보면 트라시마코스가 우울했던 데에는 별다른 이유가 있어서가 아니라 소크라테스를 길에서 마주쳐서가 아닐까 하는 의

심마저 들 정도다. 아무튼 소크라테스의 집요한 질문세례를 받게 되면, 아무리 확고한 믿음을 가지고 있던 사람이라도 자신이 맹신했던 주장이 모순투성이였다는 걸 깨닫게 되었다고 한다. 한마디로 무지를 자각하게 된다는 것인데, 이를 고급스러운 표현으로 '아포리아Aporia'라고 한다.

하지만 '아포리아'란 고상한 고대 그리스어를 갖다붙여도, 자신이 틀렸다는 소리를 듣고 좋아할 사람은 없다. 플라톤이나 크세노폰 같은 예외도 있었지만, 당시 대다수의 아테네 시민들은 자신들의 오랜 통념을 깨부수고, 또 무지를 깨우치려 하는 소크라테스의 존재를 썩 달가워하지 않았다. 사람들은 누구나 어느 정도의 주관적인 자기 환상을 품고 사는 법인데, 누군가 시도 때도 없이 '너 자신을 알라'며 이 환상을 깨뜨리려 하면 본능적으로 반감을 갖게 되기 마련이다. 아무리 2000년 전의 아테네가 '자유시민'들로 구성된 성숙한 민주주의 사회였다고 하지만, 그들이라고 크게 다르지 않았다.

나 역시 2000년 전의 아테네 시민들과 비슷한 인간이기에 소크라테스의 비판적 질문을 통한 토론방식에 거부감을 갖고 있었다. 하지만 몇몇 학자들은 비판적 질문을 통해 당사자 스스로 문제의 근본부터 체계적으로 정리하고, 결국 전에는 의식하지 못했던 깨우침을 얻도록 유도하는 이 소크라테스식 문답법에 깊은 감명을 받았던 듯하다. 1870년 하버드 로스쿨에 몸담고 있던 크리스토퍼 랭들Christopher Langdell 교수도 그중 한 명이었다. 그는 소크라테스식 문답법에 너무나도 매료된 나머지 이 방식을 수업에 도입하기로 결정했다. 그가 로스쿨에 접목한 소크라테스식 문답법은 그 후 미국 전역에 있는 로스쿨에 급속도로 퍼져 150년이 넘는 시간 동안 수많은 학생들을 괴롭혔다. 로스쿨에 들어간 나 역시 이 소크라테스식 문답법을 피할 수 없었다.

1학년 1학기 첫날이었다. 아침부터 부푼 기대를 안고 강의실에 들어갔던 나는 늦은 오후가 되어 밖으로 걸어나올 땐 몸도 마음도 만신창이가 되어 있었다. 모든 수업에서 소크라테스식 문답법의 첫 번째 희생양으로 지목당했기 때문이다. 100명도 넘는 강의실에서 어떻게 내가 세 과목 연속으로, 각기 다른 교수님들에게 첫 타자로 지목된 것인지는 아직도 풀리지 않는 수수께끼다. 영화 〈주유소 습격사건〉을 보면 '난 한 놈만 팬다'라는 대사가 나오는데, 아무래도 그날은 내가 그 '한 놈'이었던 것 같다. 아무튼 그날 이후 소크라테스 문답법과는 안 좋은 추억이 이어졌지만, 이를 통해 느낀 점도 분명히 있다. 바로 '경청의 중요성'이다.

로스쿨 학생들은 전공도 제각각이고, 법에 대한 이해도 제각각이다. 그런 우리들에게 '비판적 질문'을 던지며 수업을 진행하는 건 우리들만 피곤한 게 아니라 교수님들에게도 상당히 번거로운 일이다. 하지만 교수님들은 아무리 학생들이 스위스 치즈처럼 구멍이 숭숭 뚫린 논리를 펼쳐도 틀렸다고 면박을 주지 않았다. 다만 격려를 통해 학생들이 생각의 줄기를 스스로 잡을 수 있도록 유도할 뿐이었다. 시간이 많이 걸리기 때문에 그다지 효율적인 수업방식이라고 할 순 없지만, 이 과정을 통해 세상에는 정말 각양각색의 사람들이 있다는 것과, 그보다도 훨씬 더 다양한 의견들이 있다는 것을 느꼈다. 그리고 교수님들이 의견 하나하나를 무시하지 않고 오히려 존중해주는 모습을 보며 진정한 소통에는 '비판적 질문'뿐 아니라 '적극적 경청'이 요구된다는 사실도 배웠다.

그날, 로스쿨 졸업식에서 벌어진 일

소통에 대해 또다시 생각해볼 기회를 갖게 된 건 로스쿨 졸업식에서였다. 그날 우리 졸업식에는 일종의 해프닝이 있었다. 졸업식 초청 연사가 연단에 올라서자 몇몇 학생들이 자리에서 벌떡 일어나 시위를 시작한 것이다. 학생들이 하나둘씩 결연한 표정으로 일어나는 모습을 보며 혹시나 과격한 구호를 외치거나 의자를 집어던지며 난동을 부리지는 않을까 걱정했지만, 다행히도 학생들은 말없이 연사에게 등을 돌리고 서 있는 아주 평화적인 방식으로 시위를 진행했다.

이날 몇몇 학생들의 반발을 받은 초청 연사 제이 찰스 존슨Jeh Charles Johnson은 검사 출신 변호사로, 오바마 정부 시절에는 제4대 국토안보부 장관을 역임했던 정치인이기도 하다. 또한 그는 1982년도 컬럼비아대학교 로스쿨 졸업생으로, 우리들에게는 로스쿨 대선배이기도 했다. 표면상으로만 보면 우리 학교 학생들이 그에게 반감을 품을 만한 이유는 없는 듯했다. 나중에 알고 보니 그날 몇몇 학생들이 시위를 계획한 이유는 그가 국토안보부 장관 시절 관장한 불법이민자 강제 추방정책 때문이었다. 이 정책에 평소 큰 반감을 품고 있던 이민법 학생회 학생들 중 몇 명이 조직적으로 시위를 계획한 것이었다.

사실 이러한 식의 반대시위가 우리 학교에서만 벌어진 일은 아니다. 전 미국 국무부 장관 헨리 키신저와 콘돌리자 라이스, 전 하버드대학교 총장 래리 서머스, 인권운동가 아얀 히르시 알리, 영화감독 마이클 무어, 보수 성향의 퓰리처상 수상자인 칼럼니스트 조지 윌과 진보 성향의 퓰리처상 수상자인 칼럼니스트 애나 퀸들런까지…… 모두 최근에 미국 대학들의 졸업 연사로 초청되었다가 학생들의 거센 반대로 결국 졸업생들 앞에서 발언할 기회조차 박탈당한 유명 인사들의 리스트다.[26]

아무튼 그날은 졸업 축사 자체가 취소될 정도의 반대는 없었다. 실제로 시위에 참가한 학생들의 수도 그리 많지 않았다. 어림잡아

예닐곱 명 정도였는데, 무리 중에는 내가 잘 아는 얼굴도 보였다. 평소 졸업 후엔 텍사스주로 날아가 국경에서 도움이 필요한 이민자들을 위해 일하고 싶다고 말하던 친구였다. 평상시엔 아주 조용했는데, 작은 목소리와는 달리 눈빛만큼은 늘 당당하고 힘이 넘치던 친구였다. 세상 돌아가는 일에도 무척 관심이 많아 우리나라에서 촛불시위가 한창이었을 때는 매일 나에게 경과를 물어볼 정도였다. 언제나 다부지고 단단한 친구였던 만큼, 그날 시위에 참여한 그의 얼굴은 긴장한 기색 없이 꽤 편안해 보였다.

반대로 학생들이 하나둘 자리에서 일어나 자신에게서 등을 돌리는 모습을 본 초청 연사의 얼굴은 빠르게 경직되고 있었다. 떨리는 목소리에선 당황한 기색이 역력했다. 그는 학생들의 행동에 큰 모욕감을 느낀 것 같았다. 얼굴이 붉으락푸르락해지는 것이 금방이라도 폭발할 듯했다. 그 모습을 본 나는 혹시 연사가 갑자기 자리를 박차고 나갈까 싶어 살짝 긴장했지만, 이번에도 역시 그런 일은 일어나지 않았다. 연사는 이내 평정을 되찾고 담담한 표정으로 이렇게 말한 뒤 축사를 이어갔다.

"학생 여러분들의 이러한 의사표현도 미국에서 누릴 수 있는 여러분의 권리이자 특권입니다."

연사는 결코 뛰어난 웅변가는 아니었다. 축사가 특별히 감동적이거나 호소력이 있지도 않았다. 대부분 지극히 예측 가능하고 진부한 내용이었다. 지금 그 내용이 무엇이었는지도 가물가물한 것을 보면 정말 별 볼 일 없었던 모양이다. 하지만 축사의 내용과는 별개로, 그날의 졸업식은 꽤 오랜 시간 동안 뇌리에 강렬한 여운을 남겼다. 그만큼 그날 졸업식에서 연사와 시위에 참여한 학생들이 보여준 모습이 인상적이었기 때문이다.

지금 돌이켜봐도 그들은 무척 담담했고, 또 침착했다. 어느 한 쪽도 언성을 높이거나 소동을 일으키지 않았다. 연사를 등지고 서는 행위로 반대의사를 전달하고자 했던 졸업생들도, 그리고 그들의 반대를 무릅쓰고 축사를 이어나가던 연사도, 모두 고요하리만큼 담담했다. 하지만 그 담담한 표정 아래에서는 아마도 수많은 갈등과 격렬한 감정 들이 소용돌이치고 있었을 것이다.

사실 학생들에게도 이 시위는 결코 쉽지 않은 결정이었을 것이다. 그들이 보이콧하고 있는 이 행사는 어찌되었든 학우들과 함께한 3년간의 여정을 마무리하는 의미이자, 가족들까지 참석한 축제의 장이었다. 그리고 그들이 공개적으로 거부하고 나선 이 연사는 그들을 3년 동안 믿고 지도해준 교직원들 중 몇몇이 고심하여 선정한 손님이었다. 가족들과 교직원들이 모두 함께하는 특별한 자리에 초청된 손님을 공개적으로 비판하는 건 그들에게도 불편하고 부담되는 일이었을 것이다. 그냥 이번 한 번만 눈을 질끈 감고 넘어가면 그 모든 중압감에서 해방될 수도 있었을 것이다. 하지만 그들은 그렇게 하지 않았다.

힘든 건 초청연사도 마찬가지였을 것이다. 그에게 이 행사는 졸업한 지 수십 년이 된 모교에서, 그것도 졸업식 초청 연사로 초대받은 명예로운 자리였다. 까마득한 후배들에게 환영받고 박수 받으며 입장하고 싶었을 게 당연하다. 그런 무대에서 그는 본인이 일생 동안 가장 명예스럽게 생각해온 공직자로서의 업적(곰곰이 생각해보니, 졸업 축사가 '공적 의무'에 관한 내용이었던 것 같기도 하다)을 공개적으로 공격당했다. 공공정책, 그것도 미국이라는 거대하고 다양한 이익과 욕망이 존재하는 국가의 정책이라는 게 그리 일차원적이지 않음을, 그리고 그것이 결코 한 사람의 개인적인 신념에 의해 움직이지 않음을 몰라주는 학생들이 야속하고 원망스러웠을 수도 있다. 그런 학생들을 비난하고, 축사를 중단할 수도 있었을 것이다. 하지만 그는 그렇게 하지 않았다.

서로 대척점에 서 있는 무언가가 충돌할 때, 그것이 사상이든, 정책이든, 법이든, 아니면 개개인의 언행이든, 어느 한쪽도 상처 없이 넘어갈 수는 없다. 이러한 충돌은 곧잘 자존감 혹은 자존심의 문제로 직결되기 때문이다. 우리는 이런 상황에서 아예 대화 자체를 포기해버리거나, 아니면 내게 던져진 '비판'이 아닌 그 비판을 던진 '사람'을 공격하는 방식으로 스스로를 지키려 들곤 한다. 하버드 로스쿨에서 '협상'과 '분쟁 해결' 관련 수업들을 오랫동안 진행해온 더글러스 스톤Douglas Stone과 실라 힌Sheila Heen도 사람들은 누군가로부터 조언이나 비판을 받을 때 그들의 말을 제대로 알아듣지 못하는 성향을 보인다고 말했다.[27] 비판에 본능적인 거부감을 보인다는 것이다.

특히 졸업식과 같은 공개적인 자리에서 주고받는 비판은 더더욱 충격의 여파가 클 수밖에 없다. 그것은 내면의 갈등을 극복하는 것과 동시에 남들의 시선의 무게에 정면으로 맞서는 것이기도 하기 때문이다. 그렇기에 시위에 참여한 학생들도, 그리고 시위를 감수하고 축사를 끝까지 전달한 연사도 이 일로 인해 어느 정도는 상처를 입었을 거라고 생각한다. 그럼에도 불구하고 그들은 끝까지 담담하고 용감하게 대처했다. 자신과 다른 생각을 가진 상대방의 존재가 불편하다고 상대를 적으로 간주하지 않았고, 상처입었다고 상대를 깎아내리며 소통 자체를 포기하지도 않았다. 그들이 그렇게까지 의연하게 행동할 수 있었던 건, 반대와 대립이 필연적으로 줄 수밖에 없는 불편함과 상처도 건설적인 소통의 필수 불가결한 과정으로 보았기 때문이 아닐까 싶다.

'나는 정중하게 반대한다'라는 말

로스쿨을 다니면서 읽은 수많은 판결문들 중 가장 인상적이었던 것은 소수 의견을 작성하는 판사들이 끝부분에 꼭 붙이는 '나는 정중하게 반대한다I respectfully dissent'라는 문장이었다. 물론 여기에서 핵심은 '정중하게'이다.

'정중하게' 반대한다는 것은 상대방의 의견에는 분명 동의하지 않지만, 그 '다름' 자체는 존중해주겠다는 우회적 표현이다. 물론 소수 의견에 달리는 이 말이 늘 진심을 담은 것은 아니었을 수도 있고, 또 어떤 판사들에겐 그저 형식적으로 지키는 전통에 불과했을 수도 있다. 하지만 그렇다고 이 말이 가진 의미가 퇴색되지는 않는 듯했다.

'나는 정중하게 반대한다'라는 말을 가장 적절하게 사용해온 판사 중 한 명으론 현재 미국 연방 대법원의 대법관인 루스 베이더 긴즈버그를 꼽을 수 있다. 긴즈버그는 변호사 시절부터 대법관으로 재직 중인 지금까지 한평생을 미국 사회의 편견과 불합리에 반대하는 소수 의견을 제시해온 사람이다(물론 그녀가 쓴 중요한 다수 의견들도 상당히 많다). 그녀는 인권변호사 시절 대법관들 앞에서 '여성도 헌법상 동등한 인민이며, 남성과 마찬가지로 평등한 시민적 지위를 누려 마땅하다'라고 주장하고, 컬럼비아대학교 로스쿨 교수로 재직할 당시에는 성性을 뜻하는 용어로 생물학적 성의 의미가 강한 '섹스sex' 대신 사회적 성의 의미가 강한 '젠더gender'라는 단어를 처음 사용한 것으로도 유명하다.

일생을 다수의 편견에 맞서 싸우고, 늘 약자와 소수자의 편에서 살아오며 '위대한 반대자the Great Dissenter'라는 칭호를 따낸 그녀의 삶도 대단하지만, 더욱 인상적인 부분은 그녀가 자신과는 다른 견해를 가진 사람들을 대했던 태도다. 진보 진영의 아이콘이라고 할 수 있는 긴즈버그 대법관에게 강경 보수 성향의 앤터닌 스캘리아Antonin Scalia 대법관은 사상적으로 대척점에 서 있다고 할 수 있는 인물이다. 실제로 법정에서 긴즈버그 대법관과 법리 해석을 두고 가장 자주 충돌한 사람도 스캘리아 대법관이었다. 하지만 신기하게도 법 철학에서는 가장 판이한 차이를 보였던 둘은 사석에서는 누구보다도 가까운 친구 사이다. 둘은 공통 관심사인 오페라를 함께 보러 다니거나, 매년 새해 전날에는 가족식사를 함께 즐길 정도로 친밀한 관계를 유지했다. 인터뷰에서도 언제나 서로를 가장 친한 동료라고 소개했다. 상대방의 의견을 무조건 '틀린' 것이 아닌 그저 자신과는 '다른' 것이라고 봤기 때문에 가능한 일이었다.

사실 우리가 소통에 큰 어려움을 겪는 이유 중 하나는 의식구조 깊숙한 곳에 떡하니 자리잡고 앉아 군림하는 '신' 때문이다. 이 '신'의 정체는 다름 아닌 내가 이 세상의 중심이라는 '확신'이다. 실제로 내 기분, 내 일, 내 목표, 내 인생과 같이 내가 보고 자각하는 모든 체험과 감정의 절대적 중심은 언제나 자기 자신이다. 다른 사람들의 의견은 나에게 직접 전달되지 않는 한 존재하지 않는 '환상'과도 같다면, 내 생각과 감정은 직접적으로 실존하는, 그래서 너무나도 가깝고 생생하게 느껴지는 '현실'이다.

이처럼 본능적 자기중심적 사고에 빠지면 내 생각이나 신념과 반대되는 사상은 부정하게 되고, 그러한 사상을 가진 사람들은 배척해야 될 대상으로 보기 십상이다. 나의 생각과 다른 의견은 단순히 틀리기만 한 게 아니라, 비윤리적이고 토론할 가치가 없는 이단적인 생각으로 전락해버리기도 한다. 이러한 과정들의 반복 속에서 목소리와 언어는 점점 날이 서는 반면, 사고와 논리는 점점 무뎌질 수밖에 없다. 그렇기에 건설적인 소통과 대화에는 상대의 '다름'을 인정할 수 있는 여유와 그러한 '다름'에 정중하게 반대할 수 있는 배려가 필요한 것이다.

사실 어떻게 보면 인류 역사의 모든 위대한 발상은 다른 어떠한 위대한 사상을 이해하고 반박하는 과정에서 발전해왔다. 헤겔은 칸트 철학의 한계성을 극복하고자 노력하는 과정에서 자신의 사상을 발전시켰고, 마르크스는 헤겔의 독일 관념론에 반박하면서 새로운 관점인 유물론을 창시할 수 있었다. 칼 포퍼의 『열린 사회와 그 적들』 역시 헤겔과 마르크스의 사상을 비판하기 위해 쓰인 저서다. 니체는 어떠한가. 니체는 기존에 존재했던 모든 사상가들과 논쟁하며 그들이 세운 모든 권위와 질서에 반박함으로써 근대철학을 전복시켰다.

이들의 대립과 반대가 이토록 위대한 결과로 이어질 수 있었던 이유는, 이들 모두가 자신들이 반박하고 비판하고자 하는 상대의 의견과 그 쟁점을 완벽히 소화하는 데서부터 출발했기 때문이다. 소화는 온전히 이해해야만 가능한 것이다. 또 이해는 상대방의 견해를 신중하게 읽고, 그 말을 주의깊게 들으며, 그 표정을 유심히 살피는 것, 즉 '적극적 경청'이 전제되어야만 하는 과정이다. 타인의 견해를 적극적으로 경청하고 나면 의외로 그들의 관점에도 수용할 부분이 있다는 사실을 발견하게 된다. 설사 수용할 수 있는 부분이 하나도 없더라도 상대방의 의견을 이해했기에 제대로 된 비판도 가능해진다.

민주주의 사회에서는 결국 법이라는 것도 소통과 대화의 결과물이다. 다양한 계급과 집단의 이익이 서로를 설득시키는 과정에서 만들어지는 절충안인 것이다. 하지만 소통이 제대로 이루어지지 않는 사회에선 다수의 의견만이 법에 일방적으로 관철되거나, 소수자들의 의견은 그 사회의 정책들에 전혀 반영되지 않을 수도 있다. 한마디로 반쪽짜리 사회가 되는 것이다. 때문에 우리에게는 하나의 목소리가 아닌 여러 개의 목소리를 포용할 줄 아는 자세가 필요하다. 자기 주관이 강하기로 유명했던 볼테르 역시 이런 말을 한 적이 있다.

"당신이 한 말에 동의하지는 않지만, 당신이 그렇게 말할 권리를 위해서는 목숨을 걸고 싸울 것이다."

볼테르처럼 목숨을 걸고 싸워줄 필요까진 없겠지만, 반대되는 견해들로 인해 받을 상처를 두려워하지 않고, 오히려 그러한 의견들을 폭넓게 수용하고 이해하려는 자세는 법이 사회적 균형추 역할을 다하는 데 있어서 필수적이라고 할 수 있다. 꼭 법뿐만이 아니더라도 이러한 자세는 작게는 개인적인 성장에도, 그리고 크게는 사회적 통합에도 도움이 된다.

그런 의미에서 그날 졸업식은 특별한 울림이 있었다. 과하게 감성적인 생각일 수도 있지만, 어쩌면 그날의 졸업식 풍경이 학교가 나에게 주는 마지막 수업일지도 모른다는 생각을 했다. 그날 내가 느낀 것은 이것이다. 좋은 법조인이, 그리고 건강한 민주주의 사회가 되기 위해 꼭 선행되어야 할 건강한 '소통'에는 반드시 대가가 따른다는 것이었다. '소통의 대가'가 되고 싶다면 반드시 소통의 '대가'를 치러야만 한다는 것이었다. 그리고 그 대가란 나와는 다른 의견을 적극적으로 경청하고 이해하고자 하는 노력과 그에 상응하는 시간이었다. 그러한 상념이 끝나갈 때쯤, 꽤 오랜 시간 서 있었던 초청 연사와 학생들이 마침내 축사와 시위를 마치고 본인들의 자리에 착석했다. 그렇게 나는 졸업생이 되었다.

인간적 과제:
무엇을 봐야 하는가

어렸을 적 화가를 꿈꿨던 시절도 있을 만큼 그림에 관심이 많은 편이다. 물론 지금은 예술과는 거리가 먼 삶을 살고 있지만, 이루지 못한 꿈에 대한 미련 때문인지 여전히 시간이 날 때마다 꾸준히 미술관을 찾고 있다. 최근 본 전시 중 가장 기억에 남는 것은 로스쿨 3학년 겨울, 뉴욕 메트로폴리탄 미술관에서 열린 '데이비드 호크니 회고전'이다. 데이비드 호크니는 영국 팝아트계의 거장으로, 20세기 가장 영향력 있는 아티스트 중 한 명이다. 그는 동성애자들의 삶과 사랑을 다양한 작품들 속에 담아내며 자신이 동성애자라는 사실을 공공연하게 드러냈던 걸로도 유명하다. 한마디로 자신의 정체성과 신념을 흔들림 없이, 그리고 무척 아름답게 세상에 선보여온 예술가인 것이다.

1960년대 젊은 호크니가 군더더기 없이 딱 떨어지는 로스앤젤레스의 주택들을 무대로 펼쳐지는 뜨거운 관능미에 주목했다면, 2010년대에는 라미로 고메즈Ramiro Gomez라는 이름의 신인 작가가 호크니의 작품들과 같은 크기, 색감, 구조, 그리고 소재를 그대로 빌려와 이 도시의 또 다른 면에 주목하기 시작했다. 로스앤젤레스라는 화려한 '별들의 도시'에서 아무도 주목하지 않는, 아니 어쩌면 모두 애써 외면하려고 하는 라틴계 노동자들을 그려낸 것이다.

고메즈가 라틴계 노동자들에게 집중한 건 그의 성장 배경과 관련이 있다. 고메즈 자신이 바로 멕시코계 이민자들 사이에서 태어났기 때문이다. 트럭 운전수였던 아버지와 학교 관리인이었던 어머니 사이에서 태어난 고메즈는 일 때문에 자주 집을 비울 수밖에 없었던 부모님 대신 할머니의 손에 키워졌다고 한다. 그는 어렸을 적부터 학업에는 별 관심이 없었지만 미술에서만큼은 큰 소질을 보였는데, 캘리포니아 예술대학교에 장학금을 받고 입학했을 정도로 실력이 뛰어났다고 한다. 하지만 그가 좋아하던 미술 활동에만 전념할 수 있었던 것은 아니다. 어려운 집안 형편 때문에 고메즈는 학교를 다니면서도 생활비를 벌기 위해 틈틈이 일을 해야 했다. 그래서 시작한 일이 바로 아이를 돌보는 일이었다. 고메즈가 취직하게 된 곳은 캘리포니아의 어느 부유층 가정집이었는데, 다른 가사도우미들 역시 모두 자신과 같은 라틴계 이민자 출신이었다. 수영장 관리인과 정원사도 마찬가지였다. 무려 2년이 넘는 시간 동안 이들과 함께 일하며 고메즈는 이들이야말로 보이지 않는 곳에서 우리 사회를 지탱하고 있는 힘이라는 생각을 하게 되었다.[28]

그래서일까? 고메즈의 작품들은 '캘리포니아 드림'이라는 화려한 빛이 만들어내는 그림자에 가려진 노동자들을 집요하게 포착하고 조명한다. 호크니의 작품에 다이빙 보드와 경쾌하게 튀어 오르는 물방울이 있다면, 고메즈의 작품엔 고요한 풀장의 수면 위로 묵묵히 바닥과 저택의 창문을 닦고 있는 얼굴 없는 라틴계 청소부들이 있다. 마찬가지로 호크니의 작품에 베벌리힐스의 대저택에 사는 주부가 전면에 등장한다면, 고메즈의 작품엔 베벌리힐스의 대저택에서 일하는 가사도우미가 주인공으로 등장한다. 결국 고메즈의 작품들은 호크니에게 바치는 오마주인 동시에 사회비판이자, '우리도 여기에 존재하고 있다'라고 외치는 일종의 자기 선언인 셈이다.

호크니와 고메즈는 같은 건물, 같은 풍경을 보면서도 전혀 다른 것에 주목했다. 호크니가 동성애에 대한 냉담한 사회적 시선에도 불구하고 자신의 성 정체성을 당당하고 아름답게 표현하고자 했다면, 호크니의 작품들을 보며 자란 고메즈(참고로 고메즈도 동성애자인데, 어릴 적 성 정체성 때문에 혼란스러워하던 그에게 동성애를 너무나도 자연스럽게 표현한 호크니의 작품들은 큰 힘이 되었다고 한다)는 희미해져가는 노동자들과 이민자들의 정체성을 의식적으로 조명함으로써 그들의 인간성을 회복하고자 한다.

대부분의 사람들이 놓치는 부분까지 포착해내는 호크니와 고메즈의 작품들을 감상하다보면, 진정으로 본다는 것의 의미에 대해 다시 생각해보게 된다. 그것이 무심결에 놓친 것이든, 아니면 무의식적으로 외면한 것이든, 그들의 작품을 통해 우리는 전에는 보지 못했던 것들을 새로운 시선으로 바라볼 수 있게 된다. 예술은 종종 이렇게 불완전한 우리의 시야를 넓혀주는 역할을 한다.

호크니와 고메즈, 전태일과 조영래

여기 또 다른 두 남자가 있다. 1970년 11월 13일, 스물두 살의 나이로 '근로기준법을 준수하라! 노동자들을 혹사하지 말라! 내 죽음을 헛되이 하지 말라'라고 절규하며 자신의 몸을 불사른 전태일 열사. 그리고 전태일의 삶과 죽음을 기록한 『전태일 평전』을 집필하고, 1986년 부천경찰서 성고문 사건과 서울 마포구 망원동 수재민 집단소송 등을 승소로 이끌며 소외되고 억울한 이들을 위해 싸우다 마흔세 살의 젊은 나이로 세상을 떠난 인권변호사

조영래. 이 둘 역시 모진 세상의 불편한 진실과 소외된 사람들의 아픔을 알아보는 눈을 가지고 있던 사람들이다.

둘의 배경은 많이 다르다. 일단 전태일 열사는 초등학교도 제대로 다니지 못했다. 생계를 위해 이른 나이부터 일을 시작해야 했기 때문이다. 전태일 열사는 초등학교를 중퇴하고 청계천 평화시장 피복점에서 이른바 '시다'라고 불리는 재단보조로 일을 시작했다. 당시 전태일 열사의 눈에 비친 '시다'들의 노동환경은 말도 안 되게 참혹했다. 닭장같이 좁고 어두컴컴한 피복점 내 단칸방 안에선 자신보다 어린 여공들이 폐렴과 같은 각종 질병들에 시달리며 하루 평균 열여섯 시간 이상을 일하고 있었다. 그러면서 고작 커피 한 잔 값도 안 되는 보수를 받고 있었다.

전태일 열사는 이러한 현실에 분노했다. 하지만 백도 없고, 일찌감치 초등학교를 중퇴했던 그에게는 노동 현실을 개선시킬 만한 뾰족한 수가 없었다. 어찌어찌 구한 『근로기준법 해설서』마저 한자투성이인 데다가 전문적인 법학용어들이 곳곳에 지뢰처럼 깔려 있었다. 해설서 한 페이지를 읽는 데에만 하룻밤을 꼴딱 새우는 날도 있었다. 그럼에도 불구하고 그는 고된 하루의 노동이 끝나면 밤새 해설서를 붙들고 씨름했다. 이때부터 그는 '대학생 친구가 하나 있었으면 원이 없겠다'는 말을 입버릇처럼 했다고 한다.

하지만 전태일 열사는 그토록 간절히 바라던 대학생 친구를 찾지 못했다. 그럼에도 포기하지 않고 평화시장 최초의 노동운동 조직인 '바보회'를 창립하고, 청계천 피복 공장 노동자들을 대상으로 노동실태 설문조사를 실시하는 등 노동조건 개선을 위해 끊임없이 노력했다. 하지만 이러한 시도들이 현실의 장벽에 막혀 매번 무위로 돌아가자 그는 결국 극단적인 방법을 택하게 된다. 청계천 앞에서 기획된 노동집회가 경찰과 고용주 들에 의해 짓밟히자 '근로기준법을 준수하라! 내 죽음을 헛되이 하지 말라!'라고 외치며 스스로의 몸에 불을 지핀 것이다. 그는 전신에 화상을 입고 인근 국립의료원으로 옮겨졌지만 돈이 없어 제대로 된 치료를 받지는 못했다. 결국 그는 명동 성모병원으로 다시 옮겨져 그곳에서 숨을 거두었다. 그가 남긴 마지막 말은 '배가 고프다'였다.

이러한 전태일 열사의 절규에 수많은 대학생들이 응답했다. 그 중에는 조영래 변호사도 있었다. 당시 사법시험을 준비 중이었던 그는 전태일 열사의 죽음을 신문기사로 접한 뒤 법전을 잠시 덮어두고, 전태일의 시신을 인수해 서울대 법대 학생장을 주선했다. 그리고 시국선언문을 초안했다. 전태일이 생전 그토록 바라던 '대학생 친구'가 되기로 결심한 것이다. 그 후 조영래 변호사는 민청학련 사건 관련자로 수배되어 6년간 수사 당국에 쫓기는 생활을 하면서도 틈틈이 전태일의 삶과 사상을 기록했다. 전태일 열사의 어머니인 이소선 씨를 만나고, 당시 전태일과 함께 일했던 노동자들의 현실을 더 자세히 알기 위해 청계천 일대를 끊임없이 누볐다.

서울대학교를 전체 수석으로 입학한 만큼 탄탄한 미래가 보장되어 있던 조영래 변호사가 이렇게까지 전태일의 삶에 집착했던 이유는 무엇일까? 그건 조금만 불쌍한 사람을 보아도 마음 아파하던 전태일 열사의 심성에서 자기 자신의 모습을 발견했기 때문인지도 모른다. 실제로 이 둘이 생전에 남긴 글을 살펴보면 서로 많이 닮았다는 걸 알 수 있다. 『전태일 평전』에 실린 전태일 열사의 수기에는 이런 글이 있다.[29]

> 나는 언제부터인지 모르지만 감정에는 약한 편입니다. 조금만 불쌍한 사람을 보아도 마음이 언짢아 그날 기분은 우울한 편입니다. 내 자신이 너무 그러한 환경들을 속속들이 알고 있기 때문인 것 같습니다.

다음은 조영래 변호사의 책 『진실을 영원히 감옥에 가두어 둘 수는 없습니다』에 실린 글로, 그가 사법연수원 시절 검사시보로 근무하며 작성한 일기 중 일부분이다.[30]

지금까지 충분히 실천은 못하였으나 4개월 동안 내가 수행하려고 하는 제일보는 피의자 또는 참고인, 가족들에게 친절히 대하는 자세를 견지하는 것이다. 어떤 경우에라도 친절한 자세를 흩뜨리지 않도록, 어떤 경우에도 조금이라도 권력을 가진 자의 우월감을 나타내거나 상대방을 위축시키거나 비굴하게 만드는 일이 없도록, 다른 것은 다 못하더라도 이것만 해낼 수 있다면 더이상 좋을 수가 없겠다.

내가 처음 『전태일 평전』을 접한 건 로스쿨 2학년 1학기 때였다. 그 당시 나는 '차별금지법Antidiscrimination Law'과 '노동법Labor Law' 수업을 듣고 있었는데, 주제가 주제이다보니 같이 수업을 듣던 동기들은 하나같이 '약자 보호'나 '사회정의 구현' 같은 목표들을 가슴에 품고 치열하게 공부하고 있었다. 반면에 나는 그럴듯한 소명의식 하나 없었다. 그 기세에 눌려 지내던 와중, 문득 군 생활 때 알게 된 조영래 변호사의 『전태일 평전』이 머릿속에 떠올랐다. '옳거니!'라는 생각과 함께 곧바로 동아시아 학부 도서관 지하 2층으로 달려갔다. 그리고 거기서 먼지만 먹고 있는 『전태일 평전』을 발견할 수 있었다. 뽀얀 먼지로 덮여 있는 게 마치 오래된 금서를 찾은 기분이었다.

사실 나는 이 책을 학기 내내 조금씩 읽어가며 동기부여용 독

서로 활용할 요량이었다. 물론 그 생각은 책을 펼치자마자 사방으로 흩어지던 해묵은 먼지들과 함께 순식간에 머릿속에서 사라져버렸다. 전태일, 그리고 조영래의 삶에 완전히 매료된 것이다. 결국 나는 다음날 아침이 되어서야 책장을 덮을 수 있었다. 그때 가슴에 유난히 강하게 와 박혔던 구절은 다음과 같다.[31]

> 여기서 그는 모든 인간이 서로 용해되어 있는 상태를 꿈꾼다. 그것은 사람들이 서로서로에게 무관심한 외톨이로서, 다만 생존경쟁의 냉혹한 질서 아래서 탐욕과 이해관계로 야합하고 있는 세상, 그리하여 '덩어리가 존재하기 때문에' 거기에 끼지 못하는 밀려나는 '부스러기' 인간이 존재할 수밖에 없는 그러한 사회가 아니라, 서로가 서로의 인간적인 필요에 봉사하면서 참된 관심과 애정으로 결합하고 있는 이상 사회를 향한 꿈이었다. 그는 오늘날의 차디찬 사회 현실 아래서도 인간 심정의 밑바닥에 흐르고 있는 소박한 물줄기를 볼 때면, 그것이야말로 그러한 이상 사회의 단초이며, '참으로 아름다운 것'이라고 생각하였다.
>
> 그는 다시 현실로 돌아왔다. 모든 인간이 서로를 적대하고 있는 이 현실, 강자가 약자를 부조리하게 학대하는 이 현실, '인간 최소한의 요구'마저도 외면당해 짓밟히고 있는 이 현실은

분명히 불의한 현실이었다. 그것은 개조되어야 할 현실이었다. 그러나 현실의 뿌리는 너무나 깊고 그 벽은 너무나 두터운 것이어서 그는 자신이 자꾸만 나약해지고 있는 것을 느꼈다. 그러나 그는 백번이고 다시 일어나 '타협하지 않고 싸우겠다'고 다짐했다.

『전태일 평전』을 덮고 나자, 나 역시 현실로 돌아오게 되었다. 그러자 그전에는 보지 못했던, 아니 볼 수도 없었던 것들에 조금씩 관심이 가기 시작했다. 그렇게 나는 더욱더 노동법, 인권법, 그리고 형사법에 관심을 갖게 되었다. 그리고 얼마 안 가 전태일이 말하던 모든 인간이 서로를 적대하고 있는 현실, 강자가 약자를 부조리하게 학대하는 현실, '인간 최소한의 요구'마저도 외면당해 짓밟히고 있는 현실이 아직도 진행 중이라는 사실을 알게 되었다.

전태일의 말대로 그것은 분명 개조되어야 할 현실이었다. 하지만 나는 전태일 열사처럼 백번이고 다시 일어나 '타협하지 않고 싸우겠다'는 다짐이 쉽사리 생기지 않았다. 조영래 변호사처럼 시대가 요구하는 과제들에 온몸으로 부딪힐 용기 또한 선뜻 생기지 않았다. 그들처럼 고귀한 이상을 품고 용기 있게 나아가고 싶었지만, 그로 인해 포기해야 할 것들이 자꾸만 눈에 밟혔던 탓이다. 이율배반적인 갈등이 계속되었다. 고귀한 이상과 속물적 근성 사이에서 끊임없이 허우적댄 것이다. 그 결과 한동안 깊은 자기모멸감에 빠졌다.

내가 그러고 있는 동안, 그 당시 함께 노동법 수업을 같이 들었던 동창 중 한 명은 졸업과 동시에 이민자들의 인권을 지키기 위해 '총성 없는 전쟁터'인 멕시코 국경으로 날아갔다. 인권법 수업을 같이 들었던 또 다른 친구는 졸업과 동시에 아이들의 인권을 지키기 위해 가족도, 친구도 없는 머나먼 캄보디아 땅으로 떠났다. '전태일'과 '조영래'처럼, 그들 역시 온갖 종류의 '타율적인 구속'과 맞서 싸우기 위해 자신의 모든 것을 내던지는 삶을 택한 것이다. 그런 그들의 뒷모습을 물끄러미 바라보며 전태일이 했던 말을 떠올렸다.

"어떠한 인간적 문제이든 외면할 수 없는 것이 인간이 가져야 할 인간적인 과제이다."

아쉽게도 나는 아직 이 수준에 도달하지 못했다. 그래서인지 뉴욕 검사실에서 근무하면서도 아직 모든 걸 희생하면서까지 뜨겁게 세상에 뛰어들 자신이 없다. 노래 〈가시나무〉의 가사처럼, 아직 내 속엔 내가 너무도 많기 때문인 것인지도 모르겠다. 그래도 굳이 위안거리를 찾자면, 내 위치에서 조금씩이라도 외면할 수 없는 '인간적인 과제'들을 늘려가고 있다는 것이다. 그런 의미에서 세상을 더 넓게, 그리고 더 깊게 직시하라는 가르침을 준 호크니와 고메즈의 작품들, 그리고 전태일 열사와 조영래 변호사의 삶을 알게 된 건 내 인생의 큰 축복이었다. 늘 작은 목소리에 귀기울이고, 남들이 쉽게 외면하는 곳을 놓치지 않고 바라보라는 가르침을 준 그들의 삶에 깊은 존경과 높은 찬사를 보낸다.

4장

내가 법을 공부하는 이유

법과 현실 사이에서
사람의 길을 묻다

나는 어쩌다 법을 공부하게 된 걸까? ❶

밤 9시 30분. 피해자 면담이 유난히 많이 몰리는 날에는 자연스레 퇴근도 늦어지게 된다. 검사실이 위치한 다운타운 지역은 퇴근 시간이 지나면 직장인들이 거의 다 빠진다. 그래서 늦은 밤이 되면 거리가 텅텅 비게 된다. 나와 같이 야근을 마치고 뒤늦게 사무실을 빠져나온 사람들 몇몇만이 단단한 구둣발 소리를 내며 걸어다닐 뿐이다.

이 시간대의 거리는 늘 달의 뒷면처럼 어둡고 고요하다. 몇 개 켜져 있지 않은 간판들이 어렴풋이 비추는 거리엔 담배꽁초, 찌그러진 캔, 구겨진 신문지 등 온갖 종류의 쓰레기들만 바스락바스락 소리를 내며 굴러다닌다. 황량한 거리를 지나다니는 내 표정도 자연스레 더 어두워질 수밖에 없다.

원래 나는 진지하거나 어두운 사람이 전혀 아니었다. 물론 사춘기 시절에는 누아르 장르물에 나오는 시니컬하고 비정한 히어로들을 흉내내며 되지도 않는 무게를 잡은 적도 있다. 하지만 그건 정말 한때였다. 살면서 한 번쯤은 겪는 '중2병' 같은 거였다. 그 시절만 제외하면 한결같이 밝고 가벼운 편이었다. '짜장면이냐 짬뽕이냐' 같은 중대한 결정을 내려야 할 때만 간간히 진중해졌다.

하지만 사람은 환경의 동물이다. 우리 내면은 시시때때로 변하는 주변 환경과 자극에 지대한 영향을 받는다. 나 역시 피해자들의 가슴 아픈 사연들을 접하는 날에는 스스로 조금씩 어두워지고 있다는 걸 체감한다. 이러한 변화가 유난히 크게 느껴지는 날이면 문득 '내가 어쩌다 이 일을 하게 된 걸까?'라는 물음과 함께 할머니가 예전에 해주신 말씀이 떠오른다. 당시 초등학생이었던 나에게 할머니는 이렇게 말씀하셨다.

"세상에서 가장 힘든 직업 세 가지가 있단다. 첫째는 늘 아픈 사람만 봐야 하는 의사고, 둘째는 늘 사람을 심판해야 하는 판사고, 셋째는 늘 억울한 사람과 죄지은 사람만 봐야 하는 검사다."

그 당시 나는 할머니께서 굳이 그렇게 주의를 주지 않으셨어도 의사나 판사, 혹은 검사가 될 생각이 전혀 없었다. 그 시절의 나는 한평생 방바닥에 누워 만화나 그리면서 살 수 있다면 여한이 없겠다는 생각을 하며 지내고 있었다. 두꺼운 책이나 문제집은 병적으로 싫어했고, 학교나 학원 숙제도 미루기 일쑤였다. 당연히 학교 성적도 바닥이었다.

어느 정도였냐면, 한 번은 이런 적이 있었다. 초등학교 1학년 국어시험 중 독해 문제에서 '산속의 왕 호랑이가 한겨울에 산짐승들이 겨울잠을 자는 탓에 먹을 것이 없어 마을까지 내려왔다'는 내용의 지문이 나왔다. 질문은 호랑이가 왜 마을까지 내려왔냐는 것이었다. 모범답안은 '산짐승들이 겨울잠을 자는 탓에 먹을 것이 없어서'였다. 최소한 '배가 고파서'까지는 적었어야 정답 범주에 들어갔을 것이다. 그런데 난 '가고 싶으니까'라는 지극히 포스트모던한 답변을 적었다고 한다. 그때부터 어머니는 내가 평균보다 지능이 조금 떨어지는 게 아닌가 하는 걱정을 하셨다고 한다.

알고 보니 내가 이과 천재였다는 반전 역시 없었다. 오히려 수학은 더 못했다. 초등학교 1, 2학년 때 수학시험에서 60점을 받는 건 쉽지 않은 일이다. 하지만 난 받았다. 그것도 꾸준히. 60점을 받는 게 '일탈'이 아니라 '일상'이 되어버리자 마음이 급해진 어머니는 수많은 학부모들이 흔히 빠지곤 하는 현실 부정 중에서도 대표격이라 할 수 있는 '우리 애는 머리는 좋은데 공부를 안 한다'라는 자기 최면에 빠지셨다. 그래서 그때부턴 오로지 나의 학구

열을 고취시키는 데에만 집중하셨다.

체질 개선을 위한 어머니의 처절한 노력들이 번번이 실패하자, 나는 결국 초등학교 3학년 때 외국인학교에 보내졌다. 하지만 완전히 바뀌어버린 학습환경과 언어는 나의 '임독이맥任督二脈'을 뚫어주긴커녕 '주화입마走火入魔'에 빠지게 만들었고, 그렇게 나는 좀체 공부에 흥미를 붙이지 못한 채 별다른 생각과 아무런 목표 없이, 마치 유유히 흐르는 물 같은 학창 시절을 보냈다.

『슬램덩크』와 안경 선배

이런 내가 바뀌는 데 결정적인 역할을 한 건, 이상하게 들리겠지만 『슬램덩크』였다. 『슬램덩크』에는 매력 있는 등장인물들이 무척이나 많이 나온다. 북산팀의 주장이자 중심인 '고릴라' 채치수, 비장의 무기인 3점 슛으로 위기 때마다 팀을 구하는 '불꽃 남자' 정대만, 주인공의 라이벌이자 명실상부 팀의 '에이스'인 서태웅, 그리고 문제아지만 미워할 수 없는 주인공 '천재' 강백호까지.

그중에서도 나는 특이하게 안경 선배를 참 좋아했다. 안경 선배는 권준호라는 이름이 있음에도 불구하고, 작중 내내 거의 안경 선배로 불린다. 농구만화인 만큼 '날쌘돌이', '리바운드왕', '감성 슈터'와 같은 농구 관련 별명이 하나쯤은 있을 법도 한데, 그는 끝까지 그냥 '안경 선배'다. 농구를 못하기 때문이다.

내가 안경 선배를 좋아했던 이유는 조금 독특하다. 찬찬히 살펴보면 안경 선배는 전교권에서 노는 우등생인 데다가, 선수가 아닌 일반인 기준으로 봤을 땐 상당한 농구 실력자이며, 성격 또한 좋다. 그뿐만 아니라 깽판 치는 정대만에게 얼굴을 한 대 얻어맞고 안경이 벗겨지는 장면에선, 여태껏 두꺼운 안경 뒤에 숨겨왔던 '꽃미모'를 드러내며 반전 매력을 선보이기도 한다. 한마디로 그는 비록 농구 코트라는 무대 위에서는 조연 역할에 불과했지만, 인생이라는 무대에서는 주연 역할을 맡아도 손색없는 '엄친아'였다. 나는 어린 나이에 수차례 『슬램덩크』를 정독하면서 얻은 이 섬광 같은 통찰 덕분에 일찍부터 안경 선배를 청소년기의 롤모델로 삼았다.

그런 안경 선배를 닮아가려던 노력 덕택인지, 아니면 나이가 들면서 창의성이 점점 줄어들어서인지는 모르겠지만 고등학교 시절 나는 더이상 어머니를 절망에 빠트릴 만한 충격적인 시험지는 받아오지 않았다. 초등학교 때와는 비교할 수도 없는 발전을 이루어낸 것이다. 물론 그렇다고 하루아침에 전교 1등을 노리는 학생이 된 건 아니었다. 굳이 비교하자면 코트 위의 안경 선배와 같은, 붙박이 주전은 아니지만 교체 멤버 정도는 되는 위치였던 것 같다. 그래도 그 정도까지라도 성적을 끌어올린 덕분에, 어찌

어찌 원하는 대학에 진학할 수 있었다.

내가 입학하게 된 대학교는 미국의 히트 시트콤 〈내가 그녀를 만났을 때〉를 통해 사람들에게 잘 알려진 웨슬리언대학교였는데, 웨슬리언은 인문과학, 사회과학, 자연과학, 어학 등 교양과목에 중점을 둔 학부 중심의 소규모 4년제 대학을 일컫는 리버럴 아츠 칼리지Liberal Arts College 중 하나였다.

리버럴 아츠의 기원을 살펴보면 고대 그리스까지 거슬러가게 되는데, 고대 그리스에선 자유시민들이 갖추어야 하는 필수적인 교양학문의 범주에 문법, 논리, 수사학, 기하학뿐 아니라 음악과 천문학까지도 포함시켰다고 한다. 그래서 리버럴 아츠 칼리지들은 이러한 전통을 지켜 학생들에게 다방면의 교양과목을 수강하기를 적극 권장한다.

리버럴 아츠 칼리지가 교양과목을 중요시하는 이유는 간단하다. 학생들이 대학 졸업 후 어떤 분야에서 일하든 고대 그리스부터 그 명맥이 이어져온 교양과목이 든든한 뼈대 역할을 하리라고 믿기 때문이다. 또 다양한 분야의 교양과목 위주 수업을 통해 균형 잡힌 교육을 받게 함으로써, 학문적 지식과 배움은 대학에서 얻는 것으로 끝나지 않으며 평생의 과업이라는 가르침을 주려는 목적도 있다. 평소 지식인은 아니더라도 교양인으로는 살고 싶었던 나에게, 리버럴 아츠 칼리지의 학풍은 상당히 매력적으로 다가왔다.

아직 특정 학문에 대한 관심이 없었던 나는 자유와 다양성을 존중하는 분위기 속에서 비교적 마음 편히 공부할 수 있었다. 그래서 인도네시아 전통음악인 '가믈란Gamelan' 수업부터 불교의 교리가 서구 영화에 어떤 영향을 끼쳤는지 탐구하는 수업까지, 4년 동안 정말 '알아두면 쓸데없는 신비한 잡학'이란 잡학은 다 접해본 듯하다. 그중에서도 특히 빠져든 과목은 졸업을 1년 앞두고 수강한 중국 한시 수업이었다.

중국 한시 수업을 진행한 왕 아오 교수님은 북경대학교를 졸업하고 예일대학교에서 박사학위를 딴, 아무리 많게 봐야 30대 중반 정도로밖에는 안 보이는 젊은 교수님이었다. 길게 늘어뜨린 장발 뒤에 보이는 웃음기가 언제나 오묘한 분위기를 내는 분이었다. 왕 교수님과는 많은 면에서 잘 맞아 1년 동안 밥도 같이 먹고, 차도 마시면서 자연스레 가까워졌다. 수업이 끝나면 우리는 사무실이나 캠퍼스 벤치에 앉아 시의 신비로움에 대해 한가로이 담소를 나누거나, 때론 『삼국지』에 나오는 영웅호걸들에 대한 평가를 침 튀기며 늘어놓곤 했다. 어찌나 죽이 잘 맞던지 무슨 주제로 대화를 시작하든, 굴러가는 바퀴처럼 점점 가속도가 붙어 몇 시간이 정말 눈 깜짝할 새에 지나가버리곤 했다.

유유히 흐르는 물처럼, 왕 교수님의 가르침

그러던 어느 날, 유난히 열띤 토론 때문에 갈증이 났는지 왕 교수님은 잔디밭에 앉아 술이나 한잔하는 게 어떻겠냐는 제안을 했다. 교수님에게 미국은 그렇게 야외 아무데서나 벌렁 누워 음주를 즐길 수 있는 나라가 아니라고 하자, 그는 '무애한 세상에 울타리 세워봐야 부질없는 짓'이라는 이해할 수 없는 말을 중얼거리더니 재킷 안주머니에서 힙플라스크를 꺼내 내게 건넸다.

그는 웃으며 이것이 바로 이태백이 죽고 못 살았던 백주白酒라고 했다. 그리고 진정으로 풍류를 즐길 줄 아는 교양인이라면 백주는 벌컥벌컥 목구멍으로 '넘기는 게' 아니라 천천히 혀끝으로 돌려가며 입안에 '스며들게' 하는 것이라는 팁까지 일러주었다.

이태백처럼 월하독작月下獨酌할 자신은 없었기에, 결국 우리는 훤한 백주 대낮부터 백주를 신나게 돌려 마셨다. 교수님은 제대로 흥이 올랐는지 갑자기 내 어깨에 자신의 팔을 턱 하니 얹고, 목을 축 하고 늘어뜨리더니 앞으로 졸업하면 무엇을 할 작정이냐고 물었다. 별 계획이 없었던 탓에 최대한 애매모호하게 얼버무려 상황을 모면해볼까도 했지만, 입안에 백주가 너무 많이 스며든 탓인지 나는 솔직하게 오래전부터 날 괴롭혀왔던 고민을 털어놓았다. 여태껏 아무런 목적도 없이, 진정 좋아하는 것이 뭔지도 모르는 채, 그저 유유히 물 흐르듯 인생을 허비하며 살아온 것만 같다고 말이다. 그러자 교수님은 말씀하셨다.

"물은 유유히 흘러가다가도, 어느 순간 해일이 될 수도 있는 것. 너는 아직 어리지 않느냐. 컵에 담으면 컵이 되고 병에 담으면 병이 되는 물처럼, 벌써부터 한 가지 형태를 고집하지 말고 마음을 비워라. 그러면 그 어떤 좁은 틈 사이로도 길을 찾아 흐르는 한줄기 물처럼 네 길도 열릴 것이다. BE WATER, MY FRIEND."

순간 이 주정뱅이 교수님이 무게를 잡으면서 무슨 이야기를 하는 건가 싶었다. 황당하다는 얼굴로 이백이나 두보의 시를 인용한 것이냐고 묻자, 그는 나보다 더 어이없다는 표정을 지으며 이소룡이라고 답했다. 할말이 없어 그만 헛웃음이 터져나왔다. 물이 되라던 왕 교수님도, 물이 되라는 말을 들은 나도, 한동안 아무 말없이 잔디밭에 앉아 허탈하게 웃었던 기억이 난다.

참 신기한 것이, 어떤 말들은 시간이 지나도 잘 잊히지 않는다. 시간이 흘러 바래며 풍화되는 게 아니라, 오히려 그 기억만 남고 다른 모든 것이 서서히 마모된다. 세월의 망각이라는 시험을 견디어내는 것, 어쩌면 이것이 시대가 변해도 살아남는 명문장들의 특징일지도 모른다. 그러고 보면 왕 교수님은 천생 시인이었나보다. 마음을 비우고 형태가 없는 물이 되라던 그의 말이 아직도 이렇게 생생하게 내 마음에 남아 있는 걸 보면 말이다. 가끔 술에 취해 해롱거리긴 했어도, 그는 절대 싱거운 사람은 아니었다.

물론 그의 그 말도 시간의 흐름을 견디어낸 것이지 시간의 흐름을 막아준 건 아니었다. 시간은 어쩔 때는 빠르게, 어쩔 때는 느리게 흘러가는 것 같은 착각을 불러일으키지만 사실 언제나 일정하고 확실한 속도로 움직인다. 내 졸업일도 그렇게 확실하게, 그리고 분명하게 다가왔다. 졸업을 하면서도 난 여전히 무엇을 해야 하는지, 어디로 가야 하는지 알지 못했다. 다만 전과 같이 조급한 마음은 들지 않았다. 왕 교수님의 위로가 뚜렷한 목적 없이 어둠 속을 표류하는 것만 같았던 내게 한줄기 밝은 빛이 되어주었기 때문이다. 그의 말처럼 미리 한 가지 형태를 고집하지 않고 내면을 키우면서 기다리다보면, 언젠가 정말 길이 보일지도 모를 일이었다. 그게 컵이든, 병이든, 좁고 불편한 바위틈이든 말이다.

여담이지만, 훗날 로스쿨 지원서를 준비할 때 왕 교수님에게 추천서를 작성해달라고 부탁했다. 그는 떨떠름한 반응을 보이며, 지원 마감일 전날까지도 추천서를 제출하지 않아 나를 벌벌 떨게 만들었다. 내가 그처럼 여유롭고 초탈한 삶을 살기를 바라서 그랬던 것일까? 아님 느긋한 성격의 내가 법조인과는 안 어울린다고 판단해서 그랬던 것일까? 알 수 없다. 어떤 이유에서였든, 한갓 중생이 어찌 은사의 광대한 뜻을 시비하겠는가.

나는 어쩌다 법을 공부하게 된 걸까? ❷

대한민국 남성들에게 군 생활의 추억이란 참 묘하다. 대개 안 좋은, 즉 춥고 배고프고 고단했던 시절의 표상으로 자리매김한 지 오래지만, 또 그만큼 성인 남성들이 평생 떠들썩하게 웃으며 공유할 수 있는 주제도 없다. 한마디로 '애증'이라고 할 수 있다.

나는 군대에 입대하게 된 계기부터가 좀 특이했다. 만 16세가 되기 전, 대한민국의 모든 이중국적자들은 대한민국 국적을 포기할지 말지를 결정해야 한다. 나는 치즈와 맥주로 유명한 미국의 위스콘신주에서 태어난 이중국적자였던지라 언젠가 그 결정을 내려야만 했다.

때는 2004년 봄, 인생의 중대사를 결정하기엔 너무나도 한가로

웠던 어느 일요일 낮이었다. 온 가족이 모여 말없이 멸치국수를 먹고 있던 중에, 아버지가 내게 군대에 갈 생각이 있냐고 넌지시 물으셨다. 그때도 난 별다른 계획과 미래에 대한 구상 없이 오직 '오늘만 사는' 천하태평한 아이였다. 그날도 군입대라는 먼 미래의 일보다는 당장 눈앞의 멸치국수가 붇고 있다는 게 더 큰 걱정이었다. 배는 고프고, 길게 생각하긴 귀찮고, 결국 '에라 모르겠다' 하며 아버지의 생각은 어떠시냐고 물었다. 이게 실수였다.

아버지는 벼르고 계셨다는 듯이 갑자기 연안延安 땅을 본관으로 삼았던 우리 가문의 연대기를 늘어놓기 시작하셨다. 상신 9명, 대제학 8명, 호당 10명, 청백리 7명, 그리고 문과 급제자 261명을 배출해 우리나라 명문거족의 대표격인 연안 이 씨 가문의 장손인 내가, 신성한 국방의 의무를 '고작' 독수리 여권이라는 종이 쪼가리 하나 가지고 회피한다면, 후대에 웃음거리가 될 일이라고도 하셨다. 무과 급제자가 261명인 것도 아니고 문과 급제자만 261명인 우리 가문과 군軍 사이의 연결고리가 다소 빈약한 게 아닌가 하는 생각도 들긴 했다. 하지만 아버지의 말씀을 다 듣고 나니 얼굴도 모르는 우리 가문의 조상님들이 한꺼번에 나를 내려다보고 계시는 것 같은 기분이 들어 매우 부담스러웠다. 얼떨결에 그 자리에서 군대에 가겠다는 약속을 했다.

철없던 시절 그저 남은 멸치국수가 더 불어버리기 전에 먹고 싶었던 소박한 바람에 꼬리를 문 이 약속 하나가 몇 년 뒤 나를 군대로 보낸 것이다. 그리고 형태 없고 유연한 물이 되라는 왕 교수님의 가르침을 뒤로한 채 들어간 이 군대란 곳은 유연함은 개뿔, 빳빳하게 세운 '각'만이 전부인 세상이었다.

관물대 안의 『블랙법률사전』

군대는 느긋하고 굼뜬 나와는 정말 맞지 않는 곳이었다. 나는 자대 배치 첫 주부터 맞선임이었던 동갑내기 최 일병에게 시도 때도 없이 구박을 받았다. 가수 지망생이었던 최 일병은 노래 실력은 잘 모르겠지만 사람들을 갈굴 때만큼은 특유의 그 쨍쨍한 목소리를 십분 활용하곤 했다. 그럴 때는 정말 '득음'의 경지에 다다른 명창이라 칭할 만했다.

"야, 넌 나이를 그렇게 처먹고도 삽질 하나 제대로 못하냐."

"야, 너처럼 아무짝에도 쓸모없는 놈은 쓰레기라는 말도 아깝다."

"야, 난 아직도 미국인인 네가 우리나라 군대에 온 게 이해가 안 돼. 너 스파이지."

나를 더욱 힘 빠지게 했던 건 그의 태도였다. 갈굴 때 최소한 아이콘택트라도 해줬다면 당하는 내 입장에서도 경청할 마음이 조금이나마 생겼을 텐데, 최 일병은 날 갈굴 때마다 늘 심드렁한 표정을 지으며 습관적으로 코를 후벼댔다. 입으로는 쉴 새 없이 내가 얼마나 조그마한 인간인지 떠들어대면서, 또 손가락으로는 쉴 새 없이 조그마한 코딱지를 돌돌 말아댔다. 그 모습을 보고 있자니 내가 저 코딱지인지, 아님 저 코딱지가 나인지 분간이 안 될 정도로 내 멘탈 역시 돌돌 말리는 기분이었다.

"야, 빨래 제대로 안 해?"

"야, 밥 더 빨리 안 먹어?"

"야, 허리 더 꼿꼿이 안 세워?"

"야, 누가 가만히 앉아 있으래!"

원래 사소한 욕은 잔잔한 연못의 수면 위에 던져진 조그마한 자갈처럼 작은 파장밖에 일으키지 못한다. 하지만 그 조그마한 자갈들도 수천 개 이상 수면 아래로 던져지면, 연못의 물도 결국 범람하기 마련이다. 내 마음이 딱 그럴 지경이었다. 정말 시시때때로 혼나다보니, 왕 교수님의 말씀을 따라 형태 없는 물처럼 살아보기도 전에 형태 없는 영혼이 되어 이 지구의 성층권 밖으로 날아가버릴 것만 같았다. 이런 상황에서 내가 할 수 있는 건 '탈출'밖에 없어 보였다.

물론 내가 진짜 '탈영'을 계획한 건 아니었다. 최 일병을 한 대 갈기고 영창을 가기도 싫었다. 대신 책 읽기에서 탈출구를 찾았다. 평생 책과는 담쌓고 살아온 나였지만, 군대에서는 독서가 잠시나마 서글픈 현실을 벗어날 수 있게 해주는 유일한 안식처가 되어주었다. 하지만 자유 시간이나 연등 시간에 책을 읽다 걸렸다간 최 일병에게 헌책 위에 쌓인 먼지 털리듯이 혼날 게 뻔했기에, 모두가 잠든 주말 오침 시간이나, 불침번 교대 전후에 생기는 자투리 시간을 활용했다.

군대에서 처음 접한 책은, 음산했던 그 당시 나의 심정을 너무나도 잘 대변해주었던 도스토옙스키의 『죄와 벌』이었다. 『죄와 벌』에서 느꼈던 그 투철한 심리분석과 극적인 전개에 매료되어 그 후로도 틈틈이 병영 도서관에 들어가 끌리는 제목이 있으면 뽑아 뒤적이곤 했다. 워낙 책에 대해 아는 게 없다보니, 누구나 한두 번쯤은 들어봤을 만한 제목들만 눈에 들어왔다. 그때 접하게 된 책들이 『돈키호테』, 『이방인』, 『자라투스트라는 이렇게 말했다』, 『파우스트』, 『신곡』과 같은 불후의 고전들이었다.

고전 독서를 통해 지적 호기심이 한창 극에 달해 있을 때, 맞후임인 김 일병의 관물대에 꽂힌 두꺼운 영문 책이 눈에 들어왔다. 김 일병은 1982년생으로 나보다 무려 일곱 살이나 많은 큰 형님뻘이었다. 그 역시 나와 같은 이중국적자였는데, 미국 로스쿨에서 법학 박사학위Juris Doctorate를 따고 변호사 자격증까지 취득하느라 입대 시기가 많이 늦어지는 바람에 어린 동생들과 군 생활을 같이하게 된 것이다.

그의 관물대에 있던 책은 『블랙법률사전Black's Law Dictionary』으로, 1891년 헨리 캠벨 블랙Henry Campbell Black에 의해 처음 출판되어, 수많은 대법원 판례에 인용될 만큼 권위를 인정받고 있는 법률전문사전이었다. 내가 그 책에 대해 꼬치꼬치 캐묻자, 김 일병은 특유의 사람 좋은 미소를 지으면서 말했다.

"이 일병님은 항상 책을 끼고 사시는 게, 로스쿨에 가서 공부하셔도 잘해내실 거 같습니다. 혹시 법 공부해보실 생각은 없으십니까?"

그때까지 단 한 번도 '법'이라는 단어와 나를 깊게 연관지어 생각해본 적이 없었다. 당연했다. 막연하게나마 그려왔던 법을 공부하는 사람들의 이미지는, 투철한 '사명감'과 진득한 '성실함'으로 무장한 모습이었다. 나에겐 둘 다 없는 것들이었다. 그리고 그 당시 최 일병의 코딱지보다도 못한 삶을 살고 있었기에 법이란 단어는 더더욱 크고 무겁고 거창하게 느껴졌다. 하지만 선천적으로 팔랑귀여서인지, 아니면 고전들을 읽으면서 어울리지도 않는 지적 허영심을 갖게 되어서인지, 법 공부가 어울릴 것 같다는 말에 마음은 심히 요동치고 있었다. 어느 정도였냐면 내 안 깊숙한 곳에서부터 마음의 소리가 들리는 듯했다.

야!

야!!

야!!!

마음의 소리가 아니라 최 일병이었다.

일병들끼리 한가로이 노닥거리니까 좋냐는 최 일병의 비아냥에도 머릿속에서 맴돌던 이 '법'이라는 단어는 쉬이 떨쳐지지 않았다. 김 일병은 별생각 없이 무심코 던진 말이었을 수도 있지만, 그 말은 어느새 뜨겁게 달구어진 인두가 되어 내 가슴을 지짐질하고 있었던 것이다. 좀더 과장을 보태자면, 늘 방향 없이 표류하기만 했던 내 인생에 마치 새로운 길을 제시해주는 것만 같았다. 며칠 뒤, 이러한 흥분이 가시기는커녕 오히려 열병같이 더 주기적으로 찾아오자 나는 결국 부모님에게 전화를 걸어 미국 로스쿨 입학시험LSAT 기출문제집을 구해 보내달라고 부탁드렸다.

거칠게 몰아치는 물처럼, 법 공부의 각오

며칠 동안 오지 않는 고도를 기다리는 심정으로 애타게 LSAT 문제집만을 기다렸다. 그리고 마침내 문제집이 도착하자 단숨에 포장지를 뜯어 한쪽 다리가 심하게 삐거덕거려 늘 왼쪽으로 5도 정도 기울던 군용책상을 꺼내 펴고, 문제들을 하나하나 풀어보기 시작했다.

LSAT 공부는 생각보다 재밌었다. 일단 어릴 적부터 극도로 싫어하던 암기과목이 없었다. 모든 문제는 IQ테스트같이 논리력을 시험하는 퍼즐 형식이었고, 문제를 깊이 파면 팔수록 전에는 보이지 않던 지름길들이 새롭게 보였다. LSAT 문제가 흥미롭게 느껴지는 것을 보니, 그저 딱딱한 단어들의 고리타분한 나열이라고만 생각했던 법이라는 학문도 실상은 재밌는 것이 아닐까란 생각도 들었다.

그 후 시간이 날 때마다 LSAT 공부에 매진했다. 물론 군대에서의 자유 시간은 아무리 많아봤자 하루에 한두 시간 정도밖에 되지 않았다. 더군다나 열 명이 넘는 20대 초반의 호르몬 덩어리들과 같이 부대끼며 사는 생활관은 LSAT 같은 고도의 집중력을 요구하는 시험을 공부하기에 최악의 환경이었다. 훈련이나 예상치 못한 일정이라도 있는 날이면 자유 시간 자체가 통째로 날아가버리기도 했다. 그렇게 아쉬움이 남는 날이면 새벽에 몰래 일어나 유일하게 불이 켜져 있는 공간인 화장실에 들어갔다. 그리고 화장실 세탁기 위에 문제집을 펴놓고 몇 문제라도 더 풀어보곤 했다. 뻑뻑한 눈과 멍한 머리로 LSAT 문제를 들여다보고 있으면, 나오라는 정답은 안 나오고 대신 세탁기 아래에서 쥐가 튀어나와 기함하게 만들 때도 종종 있었다. 그래도 그렇게 하루에 한두 문제라도 풀어야 마음이 편했고, 그 당시엔 그런 시간들마저 즐거웠다.

사람이 어찌 이렇게 변하냐고 물으신다면, 사실 나도 할말이 없다. 한때 국내 최연소 언론사 CEO로 유명세를 떨쳤던 홍정욱 씨의 『7막 7장』에나 어울릴 법한 열혈 공부 일지가, 나의 그냥 '막장' 인생에도 찾아올지 누가 알았겠는가. 굳이 또 궤변을 하자면, 앞에서도 말했듯이 사람은 환경의 동물이라는 것이다. 사회에서는 그렇게 싫었던 공부가, 군대에 가자 그렇게 절박해질 수 없었다. 마찬가지로 군대에서는 그렇게 즐거웠던 공부가 다시 사회로 나오자 거짓말처럼 재미가 없었다. 풍랑 치는 바다 위에서의 생각과 평평하고 안락한 땅 위에서의 생각은 전혀 다른 모양이다. 그래서 사람의 마음만큼 쉽게 변하는 것도 없다고 하나보다.

그래도 군대에서 틈틈이 기초를 쌓아둔 덕분인지, 전역하고 나서도 LSAT 준비는 나름 차근차근 진행되었다. 덕분에 원하던 수준의 시험 성적을 받을 수 있었고, 얼마 안 가 지망하던 로스쿨에서 합격 통지서를 받을 수 있었다. 모든 과정이 비교적 순조롭게 진행되었기에, 내가 가는 길이 맞는 길인지 번뇌하거나 번복할 틈도 별로 없었다.

결국 내가 로스쿨에 들어가 법을 공부하게 된 데는 딱히 이렇다 할 이유가 없다. 몸을 태우는 소명의식이 있었던 것도, 눈물을 쏙 빼는 계기가 있었던 것도 아니다. 남들에게 당당하게 내밀 수 있는 명함 같은 그럴듯한 이유가 하나라도 있었더라면 좋았겠지만, 그건 진실도 진심도 아닐 것이다. 법을 공부하게 된 데에는 거창한 이유가 없었지만, 그래도 공부를 시작하기에 앞서 각오 하나쯤은 필요할 듯하여 한때 그런 다짐은 했었다.

유유히 흐르는 물처럼 살았고, 또 형태가 없는 물처럼도 살아 봤으니, 법을 배우고 난 뒤엔 나도 한 번쯤은 거칠게 몰아치는 물처럼 세상을 뒤흔들어보자고. 이 다짐 하나만큼은 꼭 이루어보고 싶어 '사회'를 다루는 노동법, '사람'을 다루는 인권법, 그리고 '정의'를 다루는 형사법에 관심을 갖게 되었다. 그러다가 이 모든 걸 골고루 다룰 수 있는 '사회정의부' 소속 검사를 지망하게 되었다.

하지만 막상 검사실에 들어와 바라본 법전 너머의 현실 세상은 상상했던 것보다도 훨씬 더 거대하고 복잡했다. 거칠게 몰아치는 건 내가 아니라 요동치는 세상이었고, 거기에 속수무책으로 흔들리는 건 세상이 아니라 나였다. 그렇다보니 본격적으로 법을 공부하기에 앞서 세웠던, 세상을 뒤흔들어보자는 그 다짐은 이제 많이 희미해졌다. 사실 이제는 딱히 그러고 싶은 마음도 없어졌다. 크고 굵직한 사건들에 연연하기보단 작고 사소한, 하지만 누군가에게는 일생이 걸릴 만큼 커다란 일들을 살피고 공감하는 일이 더욱 중요해졌기 때문이다. 꿈의 크기가 줄었다고도 볼 수 있고, 현실적인 어른이 되어가는 것이라고도 볼 수 있다. 하지만 이런 내 모습이 싫지 않을 걸 보니, 한편으론 '진짜' 검사가 되어가고 있는 것인지도 모르겠다.

'평등'과 '자유' 사이

로스쿨 시절 가장 기억에 남는 수업을 꼽으라면 아마도 '표현의 자유' 수업이 그 자리를 차지하지 않을까 싶다. 열두 명의 학생들이 원탁에 앉아 자유롭게 토론하는 수업방식도 좋았고, 토론을 차분히 잘 이끌어주던 교수님도 기억에 남지만, 무엇보다도 인상적이었던 건 심하게 똑똑했던 학생들이었다. 폭포수처럼 넘쳐흐르는 자신감에다가 레고 조각처럼 착착 맞아떨어지는 논리까지. 어떤 수업에서든 보통 한두 명의 구멍은 있기 마련인데 정말이지 이 수업은 학생 한 명 한 명이 모두 완벽했다. '주변에 또라이가 안 보이면 자기 자신을 의심해보라'는 말이 있는데, 아무리 주위를 둘러봐도 구멍이 안 보이는 걸로 봐선 내가 구멍인 게 확실했다. 그래서 학기 내내 크게 나대지 않고 아주 겸손한 마음으로 들었던 수업이다.

토론하기 딱 좋은 어느 청명한 가을날이었다. 그날 우리들은 '과연 기업에도 표현의 자유를 보장해줘야 하는가?'라는 주제에 대해서 열띤 토론을 벌일 예정이었다. 이 주제는 그 당시에도, 그리고 지금도 여전히 미국 사회에서 가장 논쟁적인 사안 중 하나다. 주제가 주제인 만큼 제대로 토론하기 위해 그날 수업에는 조금 특별한 손님이 함께하기로 되어 있었다. 바로 미국 수정헌법 제1조(종교의 설립, 자유로운 종교 활동, 언론의 자유, 출판의 자유, 평화로운 집회의 자유를 보장하는 미국의 헌법 수정안) 분야의 최고 권위자로 꼽히는 플로이드 에이브럼스Floyd Abrams 변호사였다. 이를테면 '특별 게스트'라고 할 수 있었다.

참고로 에이브럼스 변호사는 스티븐 스필버그 감독의 영화 〈더 포스트〉의 소재가 된 '펜타곤 페이퍼' 사건에서 《뉴욕타임스》 측의 승소를 이끈 미국 법조계의 살아 있는 전설과도 같은 인물이었다. 그러니 그가 우리 수업을 찾은 건 팬심 조금 보태 비교하자면 메시나 호날두 같은 세계적인 축구 스타가 유소년 축구팀에 연습 경기를 하러 온 것만큼의 의미가 있는 일이었다.

시티즌스 유나이티드가 쏘아 올린 작은 공

그날의 토론 주제였던 '기업에도 표현의 자유를 보장해줘야 하는가?'라는 화두가 본격적으로 미국 사회에 대두되기 시작한 건 2010년부터다. 미국 연방 대법원이 '기업의 정치 광고도 표현의 자유를 보호받아야 한다'라고 판결했던 '시티즌스 유나이티드 대 연방 선거 관리위원회Citizens United vs. Federal Election Commission' 사건의 영향이 결정적이었다.

이 재판의 원고인 '시티즌스 유나이티드'는 축구팀 이름같이 들리지만, 사실은 1988년 창설된 보수적 성향의 비영리 시민단체다. 이들은 아주 확고한 사명을 가지고 있었는데, 바로 미국의 전통적 가치인 제한된 정부의 개입, 자유로운 기업, 단단한 가정과 국가안보를 바로 세움으로써 미국을 다시 시민들의 품으로 되돌려놓는 것이었다.[1]

그런데 시티즌스 유나이티드의 눈에 비친 미국은 전혀 올바른 방향으로 가고 있지 않았다. 국가안보에 힘을 실어주지는 못할망정, 마이클 무어라는 한심한 작자는 조잡한 시사 고발 다큐멘터리나 찍어대며 부시 행정부의 외교정책과 이라크 침공을 비판하고 있었다. 심지어 그의 작품들이 비평가들에게 호평을 받음은 물론, 상업적으로도 큰 성공을 거두고 있었다. 그뿐만이 아니었다. 허구한 날 동성애 코드를 끼워넣는 케이블방송 드라마들이 큰 인기를 끌고, 그러한 사회 흐름에 맞춰 미국 시민자유연맹ACLU과 같은 급진 세력들은 동성애자들에게도 신성불가침의 영역인 가정을 이룰 권리를 줘야 한다는 주장을 하고 있었다. 전통적 가치를 중시하는 시티즌스 유나이티드 입장에서 이러한 상황들은 매우 걱정스러운 일이 아닐 수 없었다. 무엇보다도 개탄스러웠던 건 자신들이 사랑해 마지않는 이 미국이란 나라의 대통령이 의료보험 개혁과 같은 급진적인 정책을 밀어붙이고 있다는 것이었다. 이들의 눈에 더 많은 미국인들에게 의료보험 혜택을 확대하고자 하는 오바마 대통령은 동성애자나 무신론자보다도 더 위험한 사회주의자였다.

이러한 불만 때문인지 결국 이들은 직접 나서서 시민들을 일깨우기로 결심한다. '교육은 백년지대계'란 말도 있듯이, 제대로 된 텔레비전 광고와 공익 다큐멘터리들을 제작해 시민들을 계몽시키기로 마음먹은 것이다. 시티즌스 유나이티드에게는 눈엣가시 같은 존재였던 마이클 무어와 미국 시민자유연맹, 그리고 오바마 대통령 모두 이들이 제작한 콘텐츠의 주요 표적이 되었음은 물론이다.

한때 민주당 대통령 후보 경선까지 출마했던 힐러리 클린턴도 예외는 아니었다. 2007년 말, 시티즌스 유나이티드는 당시 강력한 대권주자이자 민주당 경선 후보였던 힐러리 클린턴을 90분 동안 신랄하게 비판하는 다큐멘터리 〈힐러리〉를 제작한 뒤 DVD로 출시해 발매했다. 하지만 DVD의 매출이 영 시원찮았는지 시티즌스 유나이티드는 더 많은 관객들에게 작품을 노출시킬 방법을 궁리하기 시작했다. 그러다 찾은 방법이 방송사에 판권을 넘겨 유료 케이블방송인 '디렉트 티브이DirecTV'에서 〈힐러리〉를 방영하는 것이었다. 이들은 바로 방송사와 판권 계약을 맺었고, 〈힐러리〉를 적극 홍보하기 위한 10초짜리 광고영상 두 편과 30초짜리 광고영상 한 편을 제작했다.

그런데 여기서 문제가 발생했다. 〈힐러리〉를 홍보하기 위해 만들어진 이 세 편의 홍보물이 영리단체가 선거 기간 막바지에 특정 후보를 지지 또는 반대하는 광고를 하면 민형사상 책임을 지도록 규정하는 '선거자금 개혁법Bipartisan Campaign Reform Act'에 걸린 것이다. 시티즌스 유나이티드는 세 편의 홍보물은 〈힐러리〉의 방영을 널리 알리고자 만든 영상 제작물 광고일 뿐, 특정 후보를 반대하기 위한 '선거용' 광고가 아니라고 주장했다. 하지만 워싱턴 D.C. 연방 지방법원의 생각은 달랐다. 법원은 '광고만 봐도, 힐러리 클린턴 상원의원이 공직에 부적합하다는 인상을 심어줄 수 있다'는 이유를 들며 이들의 주장을 기각했다.

물론 시티즌스 유나이티드도 결코 호락호락한 단체는 아니었다. '미국을 다시 시민들의 품으로' 돌려놓겠다는 역사적 사명을 띠고 이 땅에 태어난 단체답게 끝까지 비장하게 응전할 것임을 알렸다. 그들은 자신들에게 선거자금 개혁법이 적용되지 않는다는 주장이 먹히지 않자, 이번에는 아예 선거자금 개혁법 자체가 수정헌법 제1조에 대한 위헌이라는 주장을 펼쳤다. 결국 선거자금 개혁법이 표현의 자유에 대한 침해인지 아닌지에 대한 여부는 연방 대법원에서 가려지게 되었다.

5 대 4로 갈라진 연방 대법원은 시티즌스 유나이티드의 손을 들어줬다. 아홉 명으로 구성된 대법관들 중 보수적 성향의 대법관 다섯 명이 기업에도 표현의 자유가 보장되어야 한다고 본 것이다. 정부가 어떤 방식으로든 정치적 의사표현을 제한해서는 안 된다는 논지였다.

"어떤 사람은 〈힐러리〉를 깊이 있고 교훈적인 작품이라 여길 것이다. 다른 사람은 이 작품이 공정하지 못하다고 느낄 수도 있다. 또 다른 사람들은 판단을 유보할 수도 있다. 선택과 평가는 정부의 몫이 아니다. (…) 시민적 담론은 시민에게 부여된 것이며, 정부는 이를 실행에 옮기는 수단을 제어하려 해선 안 된다."[2]

최종 판결문을 작성한 앤서니 케네디Anthony Kennedy 대법관의 말이다.

이와 같은 판결에 공화당 의원들과 기업 단체들은 '정치적 의사 표현의 자유가 더욱 신장됐다'며 크게 반색했다. 하지만 판결에 대한 반대도 만만치 않았다. 언론, 학계, 정계를 포함한 사회 곳곳에서 이번 판결이 가져올 여파에 대해 우려의 목소리를 쏟아냈다. 이미 막강한 영향력을 갖고 있는 기업과 이익집단 들에 더욱 더 큰 힘을 실어준 판결이라는 비판이었다. 다수가 아닌 소수에게 미국의 민주주의를 내준 꼴이라는 의견도 많았다. 이와 같은 비난 릴레이에 전직 대통령 지미 카터도 한마디 거들었다. 그는 시티즌스 유나이티드 판결이 '정치를 돈으로 매수할 수 있는 길을 열어준 판결'이라며 강력하게 비난했다.

당시 현직 대통령이었던 오바마 역시 아홉 명의 대법관들을 바로 앞에 두고 전달한 새해 국정연설에서 '이번 판결로 특수 이익단체의 돈이 정치권에 쏟아져 들어올 수 있게 됐다'며 판결을 대놓고 비판했다. 시티즌스 유나이티드 판결의 다수파 중 한 명이었던 새뮤얼 얼리토Samuel Alito 대법관은 맨 앞줄에 앉아 오바마의 발언에 고개를 저으며 '아닌데?'라고 중얼거렸는데, 그 모습이 카메라에 포착되는 바람에 한동안 화제가 되기도 했다.

이렇듯 대법원뿐 아니라 온 나라가 첨예하게 갈라선 주제에 대해 토론하는 만큼, 그날의 강의실엔 시작 전부터 팽팽한 긴장감이 감돌고 있었다. 이러한 묵직한 침묵을 먼저 깬 건 초대 손님이었던 에이브럼스 변호사였다.

"시티즌스 유나이티드 판결이 처음 나왔을 때, 온 나라가 뒤집어졌습니다. 기업에 표현의 자유를 허용하자니요! 평소 거짓말도, 인신공격성 발언도, 심지어는 혐오를 조장하는 발언도 마땅히 보호받아야 한다는 사람들이 기업에도 표현의 자유를 허락해야 한다는 대법원의 판결에는 유독 민감한 반응을 보이고 있습니다. 심지어는 개헌을 통해 대법원의 판결을 뒤집어야 한다는 터무니없는 주장까지 나오고 있습니다."[3]

그때 학생 한 명이 손을 들고 질문했다.

"실례지만, 제가 알기로 이번 판결은 '돈을 쓰는 것도 자유로운 표현의 일부로 봐야 한다'라고 말한 걸로 알고 있는데요. 대체 기업이 돈을 쓰는 행위가 어떻게 표현의 자유에 해당되는 것이죠? '돈'과 '표현'은 분명히 다른 개념인 것 같은데요."

에이브럼스 변호사는 질문의 가치를 아주 잘 이해하고 있는 사람 같았다.

"아주 좋은 질문이군요. 맞습니다. '돈'과 '표현'은 분명히 다른 개념이죠. 하지만 대법원이 'Money is speech'라고 말한 이유는 돈은 우리가 표현을 하는 데 있어서 꼭 필요한 수단이기 때문입니다. 예를 들어 우리는 우리가 입는 옷으로 자신의 개성을 종종 표현하곤 합니다. 그런데 옷을 사는 데에는 돈이 필요하죠. 돈이 없다면 우리는 옷으로 개성을 표현하지 못할 것입니다. 그러니 옷을 살 돈을 제한하는 행위는 옷으로 나 자신을 표현할 자유를 제한하는 행위가 되는 것입니다. 다른 예를 들어볼까요? 수정헌법 제6조는 피고인에게 변호인의 조력을 받을 권리를 보장합니다. 여기서도 '돈'과 '변호인'은 다른 개념이죠. 하지만 이런 경우에도 돈은 사람들이 제대로 된 변호를 받는 데 있어서 꼭 필요한 수단입니다. 그러니 변호사를 선임할 돈을 제한하는 행위 역시 변호인의 조력을 받을 헌법상의 권리를 침해하는 것이라고 할 수 있죠."

깔끔한 답변이었다. 게다가 이렇게 첫 질문부터 '아주 좋은 지적'이라며 질문자를 치켜세워주면 그 이후의 토론 역시 더욱더 활발해지는 효과도 있다. 질문하는 것에 대한 부담감이 줄어들기 때문이다. 질문했던 학생이 답변에 수긍하는 눈치이자, 에이브럼스 변호사는 다시 말을 이어갔다.

"자, 우리 우선 팩트부터 살펴보죠. 사실 기업에 표현의 자유를 허용해야 된다는 주장은 이번 판결이 처음이 아닙니다. 1947년 공화당 의회에 의해 발의된 '태프트-하틀리법Taft-Hartley Act'은 처음으로 기업과 노조가 특정 후보에게 후원을 할 수 없게끔 막으려는 시도였습니다. 그 당시 민주당 출신의 해리 트루먼 대통령이 법안 거부권을 행사했죠. 이와 같은 법안은 '표현의 자유에 대한 중대한 침해'라고까지 말하면서요.

이번 판결도 마찬가지입니다. 표현의 자유는 중요한 권리입니다. 특정 후보를 지지하고 후원하는 정치적 표현은 민주주의 사회에서는 특히나 더 중요한 권리이죠. 그런데 단지 기업이라는 이유로 이러한 권리를 박탈해서야 되겠습니까? 실제로 기업이 표현의 자유를 보장하는 수정헌법 제1조의 보호를 받은 판례는 무려 25건이나 됩니다. 심지어 모두 연방 대법원 판례입니다. 물론 이 25건 중 대다수는 기업이 운영하는 대형 신문사와 관련된 판례들이었지만 그중에는 은행도, 부동산 개발업체도 있습니다. 미국에서 기업들은 사실 언제나 표현의 자유를 보장받아온 것입니다.

물론 시티즌스 유나이티드가 제작한 〈힐러리〉가 작품성이 뛰어나거나 정확한 정보만 담은 다큐멘터리였다고는 할 수 없겠지요. 하지만 그렇다고 그러한 표현을 막을 권리는 누구에게도 없습니다. 그것이 막대한 권력을 가진 정부라면 더더욱 안 되겠죠. 그것이야말로 이 판결의 핵심입니다."

에이브럼스 변호사가 말을 마치고 학생들의 차례가 오자, 강의실 곳곳에서 손이 올라가며 반론이 시작됐다.

"변호사님께서는 기업의 표현의 자유를 정부가 적극 보호했던 사례로 트루먼 대통령의 태프트-하틀리법 거부권을 드셨습니다. 하지만 이는 예가 잘못됐다고 생각합니다. 태프트-하틀리법은 철저히 반노동조합법이었습니다. 즉 노동조합의 돈이 특정 후보를 지지하는 데 쓰이는 걸 막기 위해 만들어진 법이죠. 그러니 트루먼 대통령이 이를 막으려 한 것도 그리 이상한 일은 아닙니다. 기업과 노동조합 사이에는 본질적인 차이점들이 있으니까요.

일단 노조는 같은 경제적, 정치적 이익을 가진 개인들이 모여 이루는 조직입니다. 노조가 하는 모든 의사결정은 노조의 자금을 통해서 이루어지고, 노조의 자금은 각각의 노조원들의 회비를 통해 모이죠. 게다가 노조가 가는 방향이나 특정 행위에 반대할 경우, 노조원은 언제든지 자신이 지불한 회비를 회수할 권리가 있습니다. 그렇기 때문에 노조의 모든 지출과 발언은 노조원이란 개인들의 암묵적 동의를 내포한다고도 볼 수 있습니다.

반면에 기업은 어떨까요? 기업의 돈은 순전히 시장거래의 산물일 뿐입니다. 소비자들이 햄버거를 사 먹거나 차에 기름을 넣으면서 자신이 이 기업들에 정치적 후원금을 대주고 있다고 생각하지는 않죠. 그렇기 때문에 기업의 돈은 개인의 의사를 반영하고 있다고 볼 수 없습니다. 게다가 아시다시피 기업은 인위적으로 만들어진 존재입니다. 인간들처럼 죽지도 않고, 양심을 가진 것도 아니며, 개인과는 비교도 안 될 정도의 엄청난 부를 축적할 수도 있죠. 기업이라는 것은 단순히 시장경제 시스템 내에서 돈을 벌기 위해 만들어진 도구이기 때문입니다. 정치를 하기 위해 만들어진 독립체가 아니라는 것이죠. 그런데 이러한 기업들에 개인에게만 보장되는 표현의 자유를 꼭 보장해줘야 할까요? 그것도 특정 후보를 지지하고 후원할 수 있는 정치적 표현의 자유를요?"

좋은 지적이다. 게다가 이와 같은 견해는 미국의 헌법과 건국 정신과도 부합한다. 미국 역사상 가장 위대한 대법원장으로 꼽히는 존 마셜John Marshall도 기업을 '인위적인 무형의 존재'라고 정의한 바 있다. 미국의 3대 대통령이자 건국 아버지들 중 하나인 토머스 제퍼슨 역시 거대 기업의 자본이 민주주의의 근간을 뒤흔들게 내버려두어서는 안 된다고 강력하게 경고했다. 헌법은 개인을 국가나 기업 자본과 같은 거대 권력으로부터 지키기 위해 만들어진 법이지, 그 반대가 아니라는 것이다.

바로 다음 학생의 반론이 이어졌다.

"저도 한마디 거들고 싶습니다. 변호사님은 기업들의 표현의 자유를 보호하는 대법원 판례가 무려 25건이나 있다고 하셨습니다. 그건 맞습니다. 하지만 이들은 '정치적' 표현의 자유를 보장하는 판례들은 아니었습니다. 기업의 '상업적' 표현의 자유를 보장하거나 '언론' 기업들의 표현의 자유를 보호하는 판례들이었죠.

뻔한 소리지만, 기업들이 자신들의 상품을 광고할 자유는 당연히 보장받아야 할 표현의 자유입니다. 그러라고 만들어진 거니까요. 언론도 마찬가지죠. 언론의 특성상 이들에게는 조금 더 포괄적이고 광범위한 표현의 자유가 보장됩니다. 실제로 수정헌법 제1조에는 이러한 '언론'의 자유를 인정하는 특수 조항이 있죠. 그러라고 만들어진 게 언론이니까요.

하지만 그렇다고 정치적 표현의 자유까지 기업에 허용되어야 할 이유는 그 어디에도 없습니다. 실제로 이번 판결의 판결문을 작성하신 케네디 대법관님조차 1988년 기업에는 수정헌법 제5조가 보장하는 불리한 진술을 강요받지 않을 권리가 없다고 쓰셨습니다. 왜냐하면 그 권리라는 것은 인위적으로 창조된 개념인 '법인'이 아닌, 실제로 존재하고 살아 숨쉬는 '자연인'에게만 허용된 특권이기 때문입니다. 기계나 로봇이나 AI에는 영혼이 없죠. 영혼이란 자연인들에게만 있는 것이니까요.

기업도 마찬가지입니다. 그런데 대체 왜 기업에 인간에게만 허용된 정치적 표현의 자유를 부여해야 하는 걸까요? 죽지도 않고, 거의 무한대에 가까운 자금력을 가지고 있으며, 이윤의 극대화라는 한없이 기계적이고 비인간적인 목적만을 위해 움직이는 기업들이 선거판에 마음대로, 또 무분별하게 개입하게 된다면 우리의 민주주의는 어떻게 되는 걸까요?"

사과와 오렌지의 관계

에이브럼스 변호사와 학생들이 이렇게 첨예한 의견 차이를 보인 이유는 무엇일까? 아마 이들이 표현의 자유에 대한 두 가지 상반된 시각을 가지고 있기 때문일 것이다. 스탠퍼드 로스쿨의 학장을 역임한 캐슬린 설리번Kathleen Sullivan 변호사의 표현을 빌리자면, 표현의 자유에 대한 입장에는 표현의 자유를 모든 종류의 규제와 억압으로부터 무조건적으로 지켜져야 할 가치로 보는 '자유 중심적' 시각과, 정치적 또는 사회적 평등을 이루기 위한 수단으로 보는 '평등 중심적' 시각이 있다고 한다. 설리번 변호사는 표현의 자유에 대한 담론은 언제나 이 두 개의 상반된 시각이 서로 충돌하는 것으로 이어진다고 설명했다.[4] 그런 관점에서는 이 토론도 결국 에이브럼스 변호사가 대변하는 '자유 중심적' 시각과 학생들이 대변하는 '평등 중심적' 시각의 충돌이라고 볼 수 있었다.

에이브럼스 변호사는 말했다. 사회가 표현의 자유를 최대한 허용하면, 그래서 어떠한 표현도 자유롭게 논의될 수 있다면, 그 자유의 최대치가 결국에는 우리 사회에 최선의 결과를 가져다줄 것이라고. 반면에 학생들은 주장했다. 국가가 어떠한 간섭과 규제도 없이 사회를 자유로운 경쟁에 그대로 내맡겨버리면, 결국에는 강자의 목소리가 약자의 목소리마저 잠식시켜 '평등'한 경쟁의 기회를 무너뜨릴 것이라고. 각각 민주주의의 가장 대표적인 가치인 '자유'와 '평등'을 내세우고 있는 것이다. 그렇다면 이렇게 같은 문제를 두고 자유와 평등이 서로 충돌할 때, 우리는 무엇을 택해야 할까?

영어 관용구 중에 '그것은 사과와 오렌지의 관계와 같다'라는 표현이 있다. 서로 다른 것 중 어느 쪽이 더 가치 있다고 말하기 어렵다는 의미다. 자유와 평등도 사과와 오렌지의 관계와 같다. 그렇기에 자유와 평등 중 하나가 희생되어야 할 때 무엇을 선택해야 할지 쉽게 단언할 수 없는 것이다. 민주주의라는 수레를 끌고 가는 데에는 '자유'와 '평등'이라는 두 바퀴 모두 필요하기 때문이다. '평등 없는 자유는 착취이고, 자유 없는 평등은 억압이다'라는 로자 룩셈부르크의 말은 괜히 나온 것이 아니다.

그런데 에이브럼스 변호사와 학생들의 토론을 보고 있자니, 문득 이런 생각이 들었다. '기업에 정치적 표현의 자유를 보장해야 하는가?'에 대한 논쟁을 '자유'와 '평등' 간의 대립으로 볼 것이 아니라, '자유' 그 자체에만 집중할 수 없을까? 서로 본질적으로 다른 사과와 오렌지를 비교하는 일은 어렵지만, 사과와 사과를 비교하는 것은 상대적으로 더 쉽다. 마찬가지로 시티즌스 유나이티드 판결 역시 굳이 '평등'까지 갈 필요가 없을지도 모른다. 할레드 호세이니의 장편소설 『연을 쫓는 아이』에는 이런 구절이 나온다.[5]

(…) 이 세상에는 단 하나의 죄밖에 없다. 단 하나의 죄 말이다. 그것은 '도둑질'이다. 다른 죄들은 도둑질의 변형일 뿐이다. 알아듣겠니?

(…) 네가 어떤 남자를 죽이면 생명을 빼앗는 것이다. 너는 남편에 대한 아내의 권리를 빼앗는 것이고 아이들한테서는 아버지를 빼앗는 것이다. 네가 거짓말을 하면 너는 진실에 대한 누군가의 권리를 훔치는 것이다. 네가 누군가를 속이면 정당함에 대한 권리를 훔치는 것이다. 알겠니?

정치적 표현의 자유를 확대시킨다는 명목하에 기업들이 선거에 쓸 수 있는 돈의 제한을 없애버린 시티즌스 유나이티드 판결도, 우리 사회가 마땅히 누려야 할 자유의 총량을 '도둑질'한 것일지도 모른다. 이를테면 이번 판결은 기업에 막대한 자금을 선거판에 투입할 '자유'를 부여했지만, 그 돈을 받는 선거 후보자들에게서 돈을 건넨 소수가 아닌 다수를 위한 정책을 펼칠 '자유'를 빼앗았다. 그리고 그러한 막대한 자금력을 등에 업고 선거판에 뛰어든 후보자들과 경쟁해야 할 상대 후보자들로부터는 돈의 압력 없이 정책의 우위만으로 경쟁할 '자유'를 빼앗았다. 마지막으로 국민들의 더 다양한 목소리, 더 폭넓은 토론, 그리고 더 많은 경쟁을 통해 더 건강한 민주주의를 실현할 '자유'를 빼앗았다. 무조건적인 평등의 추구가 또 다른 의미의 불평등을 낳을 수 있듯이, 무조건적인 자유의 추구가 어떻게 더 많은 자유의 침해로 이어질 수 있는지 분명하게 보여주는 것이다. 이러한 판결은 정의로운 사회와 공정한 시스템에 대한 국민의 신뢰와 꿈을 그 근본부터 무너뜨린다. 실제로 시티즌스 유나이티드의 승소 직후, 한 로비 업체 관계자는 이렇게 말했다고 한다.[6]

"대법원의 결정이 나온 뒤 마치 크리스마스와 새해 첫날, 그리고 라마단이 한꺼번에 찾아온 듯한 분위기다. 그동안 각급 기업체의 정치 광고 요청이 있을 때마다, 선거자금 개혁법 관련 조항 때문에 번번이 거절할 수밖에 없었다. 하지만 이제 수문이 열렸다. 벌써부터 문의가 폭주해 전화가 녹아날 지경이다."

그럼에도 불구하고 연방 대법원은 끊임없이 표현의 자유라는 명목하에 거대 자본의 투입을 막는 각종 선거 규제들의 나사들을 하나씩 하나씩 풀어나가고 있다. 이러한 판결들에서 늘 다섯 명의 다수파 대법관들의 편에 섰던 존 로버츠John Roberts 대법원장은 이렇게 자신들의 결정을 정당화했다.

"공정한 경쟁은 매우 그럴듯하게 들리는 개념이다. 하지만 민주주의는, 특히 선거는 '게임'이 아니다."

그렇다. 그의 말처럼 민주주의는 '게임'이 아니다. 그렇기 때문에 더더욱 '장난'쳐서는 안 되는 것이다.

진정으로 두려워해야 할 것

학창 시절 교외 활동으로 2년 동안 토론부에 몸담은 적이 있다. 물론 나는 청산유수와 같은 말발로 팀에서 각광을 받는 '스타플레이어'와는 거리가 멀었다. 냉철한 분석과 자로 잰 듯 딱 떨어지는 논리로 팀의 '브레인' 역할을 한 것도 아니었다. 그보다는 최전선에서 멀찌감치 떨어진 곳에서 주전 멤버들이 요구하는 자료를 준비해놓는 역할이었다. 영화로 치자면 이름도 없는 '비밀요원 No.3'나 '교체 멤버 No.2' 정도의 비중밖에 안 됐던 것 같다.

어쨌거나 결론은 슬프게도 내가 팀에서 그리 중요한 존재는 아니었다는 것이다. 그래도 참 다행스러운 건 살다보면 꼭 무언가의 주역이 아니어도 얻는 게 있다는 사실이다. 마치 반 다이크가 올해의 선수급 활약을 펼쳐 팀을 우승시키면 벤치 멤버인 로브렌도 덩달아 우승 트로피 하나를 손에 쥐는 것처럼 말이다. 나 역시 토론부에 몸담았던 2년 내내 늘 사이드라인에만 있는 신세였음에도 얻은 게 있다. 바로 이 세상에는 참 다양한 난제들이 존재한다는 깨달음이다.

'다수를 위해 소수를 희생해도 될까?'에서부터 '낙태는 허용되어야 하는가?'까지, 2년 동안 토론부에서 활동하면서 우리 사회가 직면한 다양한 난제들에 대해 배울 수 있었다. 또 한 가지 추가로 발견한 게 있다면 이러한 토론 주제들도 시대에 따라 유행을 탄다는 점이다. 실제로 인기 있는 찬반 토론 주제들은 급변하는 사회에 맞춰 끊임없이 변화해왔다. 내가 학생일 때는 세계화에 대한 관심이 한창 뜨거웠던 시절이었던지라 '세계화는 바람직한가?'라는 화두가 인기였다. 요즘은 2016년의 '알파고 충격' 때문인지 'AI 시대의 미래는 긍정적인가?'라는 주제가 상당히 '핫하다'고 한다. 물론 시대에 맞춰 유행을 타는 토론 주제들 사이에서도 한결같이 그 인기를 유지하는 주제도 있다. 그중 대표적인 게 바로 '사형제도는 폐지되어야 하는가?'이다.

사형제 논쟁의 핵심

'사형제도는 폐지되어야 하는가?'라는 주제가 꾸준히 논의되는 데는 몇 가지 이유가 있다. 일단 이 주제는 상당히 논쟁적이다. 찬반의 정도도 엇비슷하고 쟁점들 또한 다양하다. 지금 당장 떠오르는 몇 가지 쟁점들만 나열해봐도 위하력의 존재 여부, 오판의 가능성, 국민의 법 감정, 국가의 주권, 국제 사회에서의 체면 문제 등이 있다. 게다가 이 모든 문제들이 마치 엉킨 실타래처럼 복잡하게 서로 얽혀 있다보니, 한두 가지 쟁점에서 승리한다고 사형제 폐지에 대한 논쟁 자체가 쉽게 종결되는 것도 아니다. 오히려 이렇게 다양한 쟁점들이 존재하는 논쟁일수록 어느 한쪽의 주장이 확실히 우세하다는 당위성을 갖기 어려울 가능성이 더 높다. 누가 결승선을 먼저 통과했는지만 가지고 승패가 결정되는 쇼트트랙에 비해 점프, 스핀, 스텝 등의 기술 점수에 예술 점수까지 포함한 다양한 요소들을 고려해야 하는 피겨 스케이팅의 판정이 더 복잡하고 어려운 것과 마찬가지다.

물론 그뿐만이 아니다. 사형제에 관한 논쟁은 상당히 민감한 주제이기도 하다. 일단 사형제에 관해서는 직접 토론하는 사람도, 그리고 토론을 관전하는 관중도 이성적으로 접근하는 게 쉽지 않다. 애초에 사형제도에 대한 논쟁이 점화되는 시점도 늘 충격적인 성범죄나 흉악범죄가 발생한 직후일 때가 많아 '아, 그렇습니까?'나 '아, 그렇군요'와 같은 차분한 대응이 어려운 것이다. 처음엔 분명 〈100분 토론〉처럼 점잖게 시작되었다가도 시간이 흐르면서 점점 더 분위기가 과열되고 만다.

그렇다면 왜 우리는 사형제도를 논할 때 쉽게 감정적으로 반응하게 되는 걸까? 그건 아마 사람이 공감하는 동물이기 때문인 것 같다. 인류는 수만 년 동안 서로 협력하고 공동체를 이루며 살아왔다. 그리고 수많은 타인들과 관계를 맺는 그 진화적 과정 속에서 '공감'이라는 것을 할 수 있도록 진화해왔다. 타인의 슬픔과 아픔에도 눈물을 흘릴 줄 알게 된 것이다. 이것이 '강남역 여성 살인 사건'이나 '어금니 아빠 살인 사건'과 같은 엽기적 살인 행각에 대한 뉴스를 접할 때 마치 나와 내 가족이 당한 것처럼 격랑 치는 감정을 경험하게 되는 이유다.

1988년 치러진 미국 대선 후보 토론은 우리가 사형제도 존폐 논란에 얼마나 감정적으로 접근하는지 보여주는 좋은 사례다. 당시 토론에서 마이클 듀카키스 민주당 후보는 '당신의 아내가 강간당하고 살해당했어도 그 범인의 사형을 반대하겠는가?'라는 질문을 받았다. 듀카키스는 이 까다로운 질문에 '사형제로 범죄의 발생이 감소한다는 증거는 없다. 그런 경우에도 사형제를 반대할 것이다'라며 나름 소신 있는 발언을 했다.[7]

그런데 여기서 상대편 후보였던 조지 H. W. 부시의 공격이 압권이다. '저렇게 가족애도 없는 냉혹한 사람이 어찌 대통령이 될 수 있겠습니까?'라며 듀카키스를 냉혈한으로 몰아간 것이다. 듀카키스 입장에서는 당황스러웠을 뿐만 아니라 상당히 억울했을 것이다. 그는 범죄자의 사형에만 반대했을 뿐, 자신의 아내를 살해한 범죄자를 용서한다거나 그 죄를 가벼이 여긴다는 말은 하지 않았기 때문이다. 하지만 신기하게도 부시의 감정적 공격은 제대로 먹혀든다. 대중이 듀카키스에게 분노한 것이다.[8] 결국 당선이 유력해 보였던 듀카키스는 이 토론 이후 차츰 인기를 잃더니 낙선하기에 이른다.

이를 통해 우리가 얻을 수 있는 교훈은 두 가지다. 첫째는 감정에 의거한 네거티브 공격이 상당히 효과적이라는 것이다. 그리고 둘째는 감정적인 공격에는 감정적인 대응으로 맞받아칠 수밖에 없다는 것이다. 토론에서 듀카키스처럼 상대방이 의도하는 대로 덜컥 말해버리면 미국의 대통령도 되지 못할 뿐 아니라 인륜을 저버린 냉혈한 취급마저 받을 수 있다. 사실 이런 식의 공격은 우리나라에서도 곧잘 남용되곤 한다. 특히 익명이 보장되는 인터넷 댓글창에는 이런 식의 공격이 봄철 다이어트 광고만큼이나 넘쳐난다. 도움이 절실한 난민들에게 인도주의적 지원을 해주어야 한다는 주장에는 '당신 딸이 난민 출신 범죄자에게 강간당해도 그런 소릴 할 수 있느냐'는 댓글이 달리고, 피부색이 짙은 난민들 모두를 잠재적 범죄자로 몰아가는 건 인종차별적 처사라는 반박에는 '그렇게 난민들이 좋다면 그들 나라로 가서 살라'는 댓글이 달린다. 성 소수자의 인권을 옹호하는 글에 '그럼 그들과 결혼하고 살라'라는 식의 댓글이 달리는 것도 봤다.

이러한 감정적 공격에 이성적이고 차분하게 반박하는 건 시간과 노력의 낭비가 될 가능성이 크다. 원래 선동은 쉽지만 반박은 어려운 법이라고 했다. 게다가 애초에 상대방이 저런 식의 감정적 공격을 하는 데에는 토론을 이어나가려는 의지보다는 비판과 합의의 가능성을 원천 봉쇄하려는 의도가 깔려 있을 가능성이 더 크다. 이런 상황에서 침착하게 대화를 이어나가려고 하는 건 운칠기삼만 믿고 타짜들이 미리 설계해놓은 화투판에 뛰어드는 일과 같다. 시작부터 지고 들어가는 것이다. 결국 이런 상대에게 대응하려면 비슷한 감정적 공격에 의존하는 수밖에 없다. '당신의 아내가 강간당하고 살해당했어도 그 범인의 사형을 반대하겠는가?'라고 묻는 사람에게는 '그럼 당신의 자식이 억울하게 사형을 당했어도 사형에 찬성하겠는가?'라고 맞받아치는 것이다. 진정한 타협과 통합에는 이르지 못하겠지만, 적어도 형세를 역전시킬 수는 있다.

물론 이런 식으로 형세를 역전시키는 건 장기적으로 봤을 때 아무런 의미가 없다. 전투에서는 승리하더라도 전쟁을 끝내지는 못하는 것이다. 예를 들어보자. 끔찍한 살인 사건이 발생했다. 두 명의 강도들이 코네티컷주에 위치한 한 주택에 침입하여 아버지와 아들은 구타하고 어머니와 두 딸들은 강간한 뒤 집에 불을 질렀다. 아버지와 아들은 살아남았지만 어머니와 두 딸들은 그러지 못했다. 살아남은 아버지와 아들은 이 잔혹한 범죄자들 때문에 세상에서 가장 소중한 가족을 잃었다. 아버지는 잔인하고 끔찍한 범죄는 오직 사형만이 온당한 처벌이라고 울부짖는다. 반대로 아들은 이 일로 이미 인생에서 가장 소중한 사람들을 잃었기에 더이상 누군가의 죽음은 보고 싶지 않다며 범죄자들을 사형시키지 말라고 애원한다. 만약 즉각적인 감정과 분노에만 의존한다면 우리는 누구의 편을 들어줘야 하는 것일까? 그리고 만약 이 둘이 같은 사건이 아닌 각각 다른 사건의 피해자들이었다면 그 두 사건에는 다른 판결을 내릴 것인가? 만약 그렇다면 '같은 것은 같게, 다른 것은 다르게' 취급해야 하는 형사법의 본질은 어떻게 되는 것일까? 감정적인 접근만으로는 쉽게 해결되지 않는 문제들이다.

영화 〈그린 마일〉과 확신의 함정

아무튼 사형제도에 대한 논쟁은 이렇게나 어렵고도 민감한 주제이다. 그런데 나는 특이하게도 초등학교 6학년 때부터 이 문제에 대해서 진지하게 고민해볼 기회가 있었다. 바로 사형수들의 이야기를 다룬 톰 행크스 주연의 영화 〈그린 마일〉을 통해서였다.

영화의 시대적 배경은 1935년으로, 미국 남부 루이지애나에 위치한 콜드 마운틴 교도소의 사형수들과 간수들 간의 이야기를 다루고 있다. 영화의 주인공이라고 할 수 있는 폴 에지컴(톰 행크스)은 콜드 마운틴 교도소의 간수장으로 수많은 사형수들이 전기의자에서 죽어가는 걸 지켜봐온 사람이다. 그렇다고 그가 이 일을 하면서 보람을 느낀다거나 즐기는 것은 아니다. 오히려 사형수들이 죽음을 맞이하는 순간까지 최대한 편안히 지내다 갈 수 있도록 편의를 봐줄 정도로 선량한 사람이라고 할 수 있다.

이야기는 어느 날 폴이 근무하는 교도소에 수송차 한 대가 먼지를 일으키며 들어서면서 본격적으로 시작된다. 수송차에서 내려 천천히 그 모습을 드러내는 건 존 코피라는 이름을 가진 예사롭지 않은 비주얼의 죄수다. 존은 무려 2미터에 가까운 큰 키에 140킬로그램에 육박하는 엄청난 체중의 거구다. 그 당시 미국 사회에서 지독한 차별과 멸시의 대상이었던 흑인이며, 죄명 역시 끔찍하다. 두 명의 어린 여자아이를 강간하고 살해한 구제불능의 흉악범인 것이다.

그런데 존은 첫 등장부터 위압적인 체격과 끔찍한 죄명과는 전혀 어울리지 않는 너무나도 순진한 눈망울과 잔뜩 겁에 질린 표정으로 폴과 관객들을 당황하게 만든다. 영화가 진행되면서 우리가 알게 되는 건 존은 어둠을 무서워할 정도로 겁이 많고, 심성 또한 어린아이처럼 순수하다는 사실이다. 게다가 폴을 포함한 수많은 주변 인물들에게 기적에 가까운 도움을 줄 정도로 아주 '특별한' 능력의 소유자이기도 하다. 결국 존과 함께 보내는 시간이 길어질수록 폴을 포함한 교도관들은 존이 두 여자아이를 끔찍하게 죽인 살해범이라는 사실을 점점 믿을 수 없게 된다. 하지만 교도관들의 확신과는 별개로 존의 사형집행일은 빠르게 다가오는데……

지금 줄거리를 쓰면서 다시 한번 드는 생각이지만 〈그린 마일〉은 6학년짜리 어린아이가 혼자 보기에는 심하게 음울한 영화였던 것 같다. 사형수 한 명이 전기의자 위에서 전류에 타 죽는 모습이 적나라하게 나올 정도로 잔인한 장면도 있었다. 그래도 그때 이 영화를 본 덕분에 사형제도와 죽음에 대해 조금 더 일찍 고민해볼 기회가 있었던 게 아닐까 싶다. 물론 그 당시 이 영화를 보면서 사형제도에 대해 대단한 통찰을 얻었던 건 아니다. 굳이 꼽자면 사형은 직접 죽임을 당하는 사형수들에게 상상도 못할 공포를 준다는 것과 그들의 죽음을 집행하는 간수들에게도 크나큰 상처와 부담으로 다가온다는 것, 그리고 이 모든 걸 목격하는 우리들에게도 만족감이나 짜릿한 승리감만을 선사해주지는 않는다는 감상 정도다. 특히 영화 후반부에서 존이 폴에게 겁에 질린 얼굴로 애절하게 전달하는 이 대사는 아직까지도 기억에 남는다.

날 어둠에 두지 마세요.
Don't put me in the dark.

난 어둠이 두려워요.
I'm afraid of the dark.

〈그린 마일〉 이후, 한동안 사형제도에 관해서 부정적인 입장이었다. 아무리 범죄자들이라 할지라도 국가와 사회가 인간의 목숨을 합법적으로 빼앗는 제도는 장기적 관점에서 볼 때 비인간적이고 전근대적인 사회로 이어질 수밖에 없다는 믿음 때문이었다. 그리고 이 믿음만큼은 아직까지도 변치 않고 있다. 하지만 이 믿음이 세월과 함께 더 단단해진 건 아니다. 오히려 나이와 함께 늘어나는 뱃살처럼 더 물렁해지고 늘어졌다. 그렇다보니 상황에 따라 시계추처럼 왔다 갔다 흔들리곤 한다.

예를 들어 사형제도가 정말로 범죄 억제 효과가 있는지에 대한 여부는 사형제 폐지론자와 찬성론자 양측 모두의 주장이 팽팽하게 맞서고 있는 쟁점 중 하나인데, 폐지론자들은 사형제도가 실질적으로 범죄를 억제하는 데 그리 큰 효과가 없다고 주장하고 있다. 하지만 만약 억제 효과가 미미하다고 하더라도 사형제도를 유지함으로 인해 매년 한두 명의 선량한 시민의 생명을 지킬 수 있다면, 사형제도를 유지할 만한 충분한 이유가 될 수 있지 않을까 하는 생각이 문득 들 때가 있다. 물론 오판 가능성에 대해 생각해보면 입장이 금세 또 바뀐다. 실제로 미국에서는 무고한 사람들이 사형 선고를 받았다가 형이 집행되기 직전 무죄로 풀려난 사례가 수십 건이나 있기 때문이다. 물론 풀려나지 못한 채로 죽은 사람들 중 나중에 무죄였다는 것이 밝혀진 사람들도 비슷비슷하게 많다. 그중에는 무고한 열네 살의 흑인 소년이 두 백인 여자아이의 살해범으로 몰려 사형 선고를 받고 전기의자 위에서 짧은 생을 마감한 가슴 아픈 사례도 있다.

사형수의 교화 문제에 대해서도 마찬가지다. 검사 일을 하다 보면 법망을 요리조리 피해다니고, 뻔뻔한 거짓 진술로 일관하며, 끝까지 반성의 기미조차 보이지 않는 피의자들을 종종 접하게 된다. 그런 사람들을 겪을 때마다 인간에 대한 불신이 석순 자라나듯 조금씩 크고 날카로워진다. 그렇다보니 과연 그보다도 죄질이 나쁜 흉악범들의 갱생이나 교화라는 게 가능이나 한 것인가 하는 삐딱한 생각이 들 때도 있다. 하지만 흉악범들 중에는 어렸을 적부터 지적장애를 앓았고, 어린 시절 내내 부모로부터 성적, 육체적으로 학대를 당했고, 무료로 배정된 국선 변호사에게서는 아무런 법적 도움도 받지 못했으며, 그 때문에 결국 구제 신청 마감을 놓쳐 사형을 당하게 되는, 정말 하루하루가 불행과 잘못된 선택과 후회의 연속인 사람들도 있다. 실제로 안타까운 사연을 가진 사형수들의 이야기를 인권변호사들의 입을 통해 전해 들을 때면 내가 가진 삐딱한 생각들도 봄바람에 얼음 녹듯 금세 사라지게 된다.

그래서인지 누군가 사형제도의 존폐 여부에 대해 어떤 입장이냐고 물으면, 나는 아직도 원하는 만큼의 확신을 갖고 대답하지 못한다. 초등학교 6학년 때부터 이 문제에 대해 고민해왔음에도 말이다. 그렇게 보면 역시 나는 '스타플레이어'도 아니고, '브레인'도 아니구나 하는 생각이 다시 한번 든다. 안타깝게도 학교 토론부 시절과 비교해서 크게 변한 게 없는 것이다.

그렇다보니 사형제 존폐 논란이 재점화될 때마다 단정적이고 확신에 찬 말투로 사형제를 옹호하는 사람들을 보면 나에게는 없는 그들의 확신과 자신감이 부러우면서도, 또 한편으론 조금 두렵다. 그들의 확신이 사형제도 논쟁에 얽혀 있는 수많은 복잡한 쟁점들과 그것들을 뒷받침하는 그보다도 더 많은 증거와 반대 증거들을 충분히 고려한 뒤에 나온 결과물이라면 다행이지만, 혹시 그저 충동적이고 즉각적인 감정에만 의한 결과물이라면 그 확신이야말로 우리 사회에 치명적이고 불가역적인 결과를 불러올 것이기 때문이다. 마크 트웨인도 말하지 않았는가. 우리가 곤경에 빠지는 것은 뭔가를 몰라서가 아니라 뭔가를 확실히 알고 있다고 착각하기 때문이라고.

사형제도에 관한 논쟁뿐만이 아니다. 빈곤 퇴치, 불평등 해소, 난민정책, 양극화, 저출산 문제, 환경오염 문제, 증오범죄율, 끊이지 않는 부패와 부조리, 온갖 차별과 편견. 우리 앞에 놓인 급한 사회적 난제들만 해도 일일이 다 열거하기가 어려울 정도로 많다. 많은 사람들이 이러한 문제들을 단번에, 그리고 본원적으로 해결하기를 원한다. 물론 그럴 수만 있다면 얼마나 좋겠는가. 하지만 사형제도와 마찬가지로, 대부분의 사회적 난제들에는 명쾌하고 단순한 해결책이 없다. 원래 중요한 것일수록 더 자세히 들여다봐야 하고, 더 자세히 들여다볼수록 더욱 어려운 법이라고 했다.

결국 사형제도를 포함한 우리 사회의 모든 논쟁들은 '우리가 어떻게 하면 더욱 인간답게 살 수 있을까?'에 대한 '인문학적 물음'에서 비롯된 것이다. 그리고 인문학적 물음이라는 건 인간을 발견하는 길이라고 할 수 있다. 하지만 우리 모두는 불완전한 세계에서 살고 있는 불완전한 인간들이다. 그 길이 단순하고, 경직

되어 있으며, 직선적일 리 없다. 오히려 한없이 복잡하고, 유동적이며, 또 울퉁불퉁할 수밖에 없는 것이다.

〈그린 마일〉에서 사형을 앞둔 존은 어둠이 두렵다고 말했다. 우리 사회가 가지고 있는 수많은 난제들을 해결해야 할 우리들 역시 어둠을 두려워해야 한다. 피상적인 확신은 언제나 우리들의 눈을 멀게 만들기 때문이다.

에필로그

우리 모두가 지켜야 할 그 무언가

이 책의 에필로그를 쓰고 있는 지금, 창밖에선 세찬 장맛비가 내리고 있다. 뉴욕은 경적 소리와 사이렌 소리, 다양한 문화와 언어가 뒤섞여 만들어내는 거대한 소음으로 늘 시끌벅적한 곳이지만, 지금 이 순간만큼은 그 소음조차 빗소리에 덮여 모든 것이 고요하다. 그 빗소리에 더욱 흠뻑 젖어보고 싶어 창문을 여니 물기를 잔뜩 머금은 후끈한 바람이 방 안으로 훅하고 들어오는 게 느껴진다.

그러고 보니 이 책의 집필을 시작했을 때만 해도 바깥공기가 무척이나 찼다. 그사이 계절이 무려 두 번이나 바뀌었다. 그사이 내 인생에도 정말 많은 변화들이 있었다. 한참을 '서른 즈음에'만

머물러 있다가 드디어 서른이 되었고, 직장에선 첫 재판의 떨림과 첫 승소의 기쁨을 맛봤다. 두 달간의 복도 생활 끝에 첫 개인 사무실을 배정받기도 했다. 그런 순간들과 함께해서인지, 아직은 선뜻 이 원고를 놓아줄 용기가 안 생긴다. 마치 어린 자식을 조기 유학 보내는 부모의 심정처럼 많이 아쉽고, 또 미련이 남는 것 같다. 하지만 이렇게 에필로그까지 쓰고 있는 걸 보니, 이제는 정말 놓아줄 때가 온 것 같다.

이 모든 것이 시작이었던, 그러니까 처음 책을 내보자는 제안을 받았을 때가 아직도 생생하게 기억난다. 처음엔 조금 망설여졌다. 그도 그럴 것이, 나는 평소 글을 쓰는 사람이 아니었다. 물론 글을 평생 안 쓰고 살았던 건 아니다. 어찌됐든 고등학생 때도, 대학생 때도, 그리고 로스쿨에서도 리포트나 논문은 꾸준히 썼어야 했으니 말이다. 하지만 글쓰기는 언제나 나에게 그저 과제일 뿐이었다. 내 자신을 위해, 혹은 취미로 글을 써본 적이 언제였는지는 기억조차 잘 나지 않는다. 아마도 초등학교 여름방학 때 휘갈기듯 썼던 일기가 마지막이었던 것 같다.

나에 대한 이야기를 써달라는 제의를 받았을 때 도대체 어디서부터 시작해야 할지 막막했다. 검사실에서의 경험과 법에 대한 생각들을 쓰는 것은 더 어려웠다. 경력도 짧고, 나이도 어린 내겐 아직 자랑스럽게 세상에 내세울 만한 획기적인 성과도 없었고,

법에 대한 깊이 있는 통찰 역시 턱없이 부족했기 때문이다. 재료가 부실하면 양념이라도 맛깔나야 하건만, 큰 굴곡 없이 물 흐르듯이 살아온 탓에 글 군데군데 소금 뿌리듯 추가할 만한 흥미로운 소재 역시 별로 없었다. 한마디로 총체적 난국이었다.

필연적으로 밤이 길어질 수밖에 없었다. 퇴근하고 나서도 책상 앞에 앉아 한숨을 푹푹 쉬고, 머리를 벅벅 긁고, 눈알을 데굴데굴 굴리다가 미친 사람처럼 혼잣말을 중얼중얼거리는 날들이 몇 개월간 이어졌다. 자포자기하는 심정으로 글을 쓰다가, 다시 또 자포자기하는 심정으로 미친 듯이 글을 지우는 과정이 무한루프처럼 반복됐다. 그러다보면 어느새 날이 밝아 있었다. 그럴 때마다 나는 졸린 눈을 비비고, 커피를 꾸역꾸역 목구멍 안으로 넘기면서 또 다른 세계로 나갈 준비를 해야 했다. 고요하고 고독한 글쓰기의 세계와는 전혀 다른, 로버트슨 씨와 리웨이 씨, 엘레나 씨와 실비아 씨, 피해자와 가해자, 적법과 위법, 합리성과 부조리가 한데 뒤엉켜 있는, 이제는 글쓰기만큼이나 내 삶의 큰 일부가 되어버린 검사실이라는 시끌벅적하고 정신없는 세계로.

이 반복되는 과정 속에서 몸과 마음이 지칠 때마다 4년 전 로스쿨 입학식 때 들었던 교수님의 말씀을 떠올렸다. 그때 교수님은 나를 포함한 300여 명의 신입생들에게 이런 주문을 하셨다.

"여러분, 모두 눈을 감으세요. 그리고 지금 이곳에 입학하기 전의 여러분들을 떠올려보세요. 그것이 몇 주, 몇 달, 몇 년 전이든 간에 말이죠. 그들은 어떠한 관심사를 가지고 있나요? 또 어떤 열정과 꿈을 가지고 있나요? 자, 이제 눈을 떠보세요. 제가 오늘 여러분들에게 해주고 싶은 말은 이것입니다.

'Save Yourself(너 자신을 지켜라).'"

이 말의 의미가 무엇일까에 대한 의문은 한동안 내 머릿속을 맴돌았다. 무려 4년이 지난 최근까지도 당최 저 말이 무슨 뜻인지 이해할 수 없었다. 그런데 이 책을 마무리하는 지금에 와서야 드디어 저 말의 의미를 조금은 이해할 수 있게 된 것 같기도 하다. 어쩌면 내가 이 책을 쓴 가장 큰 이유도 결국 나 자신을 지키고 싶어서가 아니었나 싶다. 사실 나는 많이 두려웠던 것 같다. 공무원 월급으로는 도저히 감당할 수 없을 것 같았던 뉴욕의 월세도, 기소재량권이라는 거대한 힘도, 내가 남의 인생을 단죄해야 한다는 사실도, 그로 인해 누군가는 상처를 입어야 한다는 현실도, 그렇기에 더욱 무겁게만 느껴졌던 검사라는 직함의 무게도.

책을 써나가는 과정에서 조금이나마 확신을 얻을 수 있었다. 초심과 각오도 지킬 수 있었다. 그리고 그동안 나 자신도 잘 못 느끼고 살았던 내 안의 감정과 생각도 마주할 수 있었다. 마치 찰나의 번갯불이 어두운 방 안의 사물을 비추듯이, 글쓰기가 내 안 깊숙한 곳에 잠들어 있던 생각의 윤곽을 드러내준 것이다. 이 과정에서 나는 내가 어떠한 약점들을 가지고 있는지, 이 약점들을 갖고 어떠한 삶을 살고 싶은지, 그러려면 앞으로는 무엇을 해야 하는지에 대해서 조금 더 잘 알 수 있게 되었다. 내 안의 세계가 점점 더 확장되는 것 같으면서도 중심은 조금씩 더 단단해지는 느낌을 받았다. 그건 무척이나 멋진 경험이었다.

지난 1년 동안 검사실에 있으면서 느낀 게 하나 있다면, 그건 바로 '사람은 언제나 법보다 크다'는 것이다. 법은 딱딱하고 건조한 문자들의 나열이지만, 그 딱딱한 법을 해석하고 적용하는 것은 뜨거운 피가 흐르는 사람이다. 법이 우리 사회와 세상을 더 나쁘게도, 더 좋게도 바꿀 수 있다고 하지만, 그런 법을 바꾸는 것도 사람이다. 법은 악용되거나 무력한 순간들도 많지만, 그런 순간에 사람에게 다가가 그들을 위로하고 구원할 수 있는 것 역시 결국 사람이다.

그렇기에 이 모든 변화의 출발점이 될 수 있는 '나'를 지키는 것은 그만큼 소중한 일이 아닐까 싶다. 정확한 해석인지는 모르겠지만, 어쨌거나 이것이 내가 가까스로 찾은 답이다. 물론 내가 찾은 이 답이 정답이 아닐지도 모른다. 다만 누군가 말했듯이, 모두가 '정답'을 알고 있는 것은 아니지만 누구나 '질문'을 던질 수는 있다. 그러니 이 책 역시 '정답'이 아닌 하나의 '질문'으로, '결과'가 아닌 하나의 '과정'으로, 대화의 '끝'이 아닌 하나의 '시작'으로 너

그러이 봐주셨으면 좋겠다. 그리고 이 세상의 중심인 우리 모두가 다 같이 고민해봤으면 한다.

자기 자신을 지킨다는 것의 진짜 의미를, 그 참된 가치를.

참고문헌

| 프롤로그 | 응답하라, 슈퍼히어러

1 찰스 디킨스, 『두 도시 이야기』, 이은정 옮김, 펭귄클래식코리아, 2012.

2 "Where is the world's hardest-drinking city?", 《Guardian》, 2019.3.7.

3 "DEPRESSED IN THE CITY: 1 in 5 New Yorkers suffer from mental health disorders, report says", 《New York Daily News》, 2015.11.12.

4 "41% of New York City Residents Report Problems with Sleep", 『Sleep Review』, 2018.7.

| 2장 | 불완전한 정의, 완전한 불의

1 "Counties that hosted a 2016 Trump rally saw a 226 percent increase in hate crimes", 《Washington Post》, 2019.3.22.

2 "Hate crimes in US on the rise", 《Fox News》, 2017.8.15.

3 Griffin Sims Edwards · Stephen Rushin, 「The Effect of President Trump's Election on Hate Crimes」, 2018.1.14.

4 Marilynn B. Brewer · Samuel L. Gaertner, 「Toward Reduction of Prejudice: Intergroup Contact and Social Categorization」, 2003.1.1

5 Gordon Allport, 『The Nature of Prejudice』, Addison-Wesley Pub lishing Company, 1954.

6 "독일, 혐오발언 등 방치 SNS업체 최대 650억 벌금 부과", 《한겨레》, 2017.7.1.

7 "〔홍성수의 혐오시대유감〕 어떤 혐오표현을 제한할 것인가", 『한겨레21』

1078호, 2015.9.
8 "The Death Of Free Speech In Europe", 《Religion Unplugged》, 2018.11.2.
9 "[홍성수의 혐오시대유감] '혐오할 자유' 보장하는 미국? 멋모르는 소리!", 『한겨레21』 1075호, 2015.8.
10 Urban Justice Center, 「Behind Closed Doors」, 2005.
11 "'They Were Conned': How Reckless Loans Devastated a Generation of Taxi Drivers", 《New York Times》, 2019.5.19.
12 "'They Were Conned': How Reckless Loans Devastated a Generation of Taxi Drivers", 《New York Times》.
13 http://www.nyculturebeat.com/index.php?mid=Art&document_srl=3797976&category_srl=1333
14 http://www.nyculturebeat.com/index.php?document_srl=3797652&mid=Art
15 "The Family That Built an Empire of Pain", 『New Yorker』, 2017.10.30.
16 "The Family That Built an Empire of Pain", 『New Yorker』.
17 "The Family That Built an Empire of Pain", 『New Yorker』.
18 "The Secretive Family Making Billions From the Opioid Crisis", 『Esquire』, 2017.10.
19 "The Family That Built an Empire of Pain", 『New Yorker』.
20 "The Secretive Family Making Billions From the Opioid Crisis", 『Esquire』.
21 "The Family That Built an Empire of Pain", 『New Yorker』.
22 Art Van Zee, MD, 「The Promotion and Marketing of OxyContin: Commercial Triumph, Public Health Tragedy」, 『American Journal of

Public Health』, 2009.2.

23 "Family Behind OxyContin Maker Made Billions, Say Court Papers", 《Wall Street Journal》, 2019.1.30.

24 http://www.nyculturebeat.com/index.php?document_srl=3797652&mid=Art

25 "Lawsuits Lay Bare Sackler Family's Role in Opioid Crisis", 《New York Times》, 2019.4.1.

| 3장 | 우리는 무슨 질문을 던져야 하는가

1 John Rawls, 『A Theory of Justice』, Belknap Press: An Imprint of Harvard University Press, 2005.3.

2 John Rawls, 『A Theory of Justice』.

3 벤자민 R. 바버, 『뜨는 도시 지는 국가: 지구를 살리고 사람이 행복한 도시 혁명』, 조은경·최은정 옮김, 21세기북스, 2014.

4 "'이기적 인간'의 20세기 신화가 무너지고 있다", 『주간동아』 1151호, 2018.8.

5 "'이기적 인간'의 20세기 신화가 무너지고 있다", 『주간동아』.

6 "Scientist Finds the Beginnings of Morality in Primate Behavior", 《New York Times》, 2007.3.20.

7 Jingzhi Tan, Dan Ariely · Brian Hare, 「Bonobos respond prosocially toward members of other groups」, 『Scientific Reports』 volume 7, 2017.11.

8 "'이기적 인간'의 20세기 신화가 무너지고 있다", 『주간동아』.

9 "'이기적 인간'의 20세기 신화가 무너지고 있다", 『주간동아』.

10 Martin Domke, 『Commercial Arbitration』, Prentice-Hall, 1965.

11 "[전문가 기고] 국제 상거래 분쟁 해결방법: 중재의 장점 및 고려 요소",

「kotra 해외시장뉴스」, 2018.10.17.
12 「중재를 통한 분쟁 해결 안내」, 대한상사중재원, 2018.
13 Cynthia L. Estlund, 「The Black Hole of Mandatory Arbitration」, 『North Carolina Law Review』 Volume 96, 2018.1.
14 "In Arbitration, a 'Privatization of the Justice System'", 《New York Times》, 2015.11.2.
15 Cynthia Estlund, 「The Black Hole of Mandatory Arbitration」, 『North Carolina Law Review』.
16 "In Arbitration, a 'Privatization of the Justice System'", 《New York Times》.
17 브라이언 스티븐슨, 『월터가 나에게 가르쳐 준 것』, 고기탁 옮김, 열린책들, 2016.
18 "[깨알지식] 美는 왜 21년째 교도소 수감률 OECD 1위일까", 《조선일보》, 2014.5.2.
19 브라이언 스티븐슨, 『월터가 나에게 가르쳐 준 것』.
20 "[깨알지식] 美는 왜 21년째 교도소 수감률 OECD 1위일까", 《조선일보》.
21 브라이언 스티븐슨, 『월터가 나에게 가르쳐 준 것』.
22 브라이언 스티븐슨, 『월터가 나에게 가르쳐 준 것』.
23 브라이언 스티븐슨, 『월터가 나에게 가르쳐 준 것』.
24 브라이언 스티븐슨, 『월터가 나에게 가르쳐 준 것』.
25 "[김승환의 목요학습] 소크라테스의 문답법", 『시방아트』, 2017.11.2.
26 "[Opinion] The Dying Art of Disagreement", 《New York Times》, 2017.9.24.
27 Douglas Stone · Sheila Heen, 『Thanks for the Feedback : The Science and Art of Receiving Feedback Well』, Viking, 2014.
28 "MAKING LABOR VISIBLE : AN INTERVIEW WITH RAMIRO GOMEZ",

publicbooks.org, 2016.9.1.
29 조영래, 『전태일 평전』, 전태일재단, 2009.
30 조영래, 『진실을 영원히 감옥에 가두어 둘 수는 없습니다』, 창비, 1991.
31 조영래, 『전태일 평전』.

| 4장 | 내가 법을 공부하는 이유

1 "기업의 정치광고도 표현의 자유?", 『한겨레21』 797호, 2010.2.
2 "기업의 정치광고도 표현의 자유?", 『한겨레21』.
3 에이브럼스 변호사의 발언 중 "개헌을 통해 대법원의 판결을 뒤집어야 한다는 터무니없는 주장까지 나오고 있습니다"는 실제 토론에서 한 말은 아니다. 다만 토론 전 학생들이 읽어가야 할 자료("Debating 'Citizens United'", 『Nation』, 2011.1) 중 해당 발언이 있었으며, 그 내용을 전제로 토론을 진행했기에 이해를 돕고자 추가했다. 이 문장을 제외한 나머지는 모두 토론 현장에서 주고받은 것들이다.
4 Kathleen M. Sullivan, 「Two Concepts of Freedom of Speech」, 『Harvard Law Review』, 2010.11.19.
5 할레드 호세이니, 『연을 쫓는 아이』, 왕은철 옮김, 현대문학, 2010.
6 "기업의 정치광고도 표현의 자유?", 『한겨레21』.
7 https://www.youtube.com/watch?v=DF9gSyku-fc
8 "[Top 10 Memorable Debate Moments] Dukakis' Deadly Response", 『TIME』.

나는 뉴욕의 초보 검사입니다

1판 1쇄 발행 2019년 8월 28일
1판 4쇄 발행 2023년 4월 24일

지은이 | 이민규

발행인 | 박재호
주간 | 김선경
편집팀 | 강혜진, 이복규, 허지희
마케팅팀 | 김용범
총무팀 | 김명숙

디자인 | 이석운
종이 | 세종페이퍼
인쇄·제본 | 한영문화사

발행처 | 생각정원 Thinking Garden
출판신고 | 제25100-2011-320호(2011년 12월 16일)
주소 | 서울시 마포구 양화로 156(동교동) LG팰리스 814호
전화 | 02-334-7932 **팩스** | 02-334-7933
전자우편 | 3347932@gmail.com

ISBN 979-11-88388-87-5 (03300)

이 도서의 국립중앙도서관 출판예정도서목록(CIP)은 서지정보유통지원시스템 홈페이지(http://seoji.nl.go.kr)와 국가자료종합목록 구축시스템(http://kolis-net.nl.go.kr)에서 이용하실 수 있습니다.(CIP제어번호: CIP2019031777)